杭州优秀传统文化丛书编纂委员会

主　编：周江勇
副主编：戚哮虎　许　明　陈国妹
编　委（按姓氏笔画排序）：

王　希　王　敏　王利民　王宏伟
方　毅　冯　晶　朱建明　朱党其
刘　颖　江山舞　许德清　杨国正
吴玉凤　应雪林　汪华瑛　沈建平
张鸿斌　陆晓亮　陈　波　陈　瑾
陈如根　邵根松　范　飞　卓　超
周　澍　郎健华　胡征宇　姚　坚
翁文杰　高小辉　高国飞　黄昊明
黄海峰　龚志南　章登峰　蒋文欢
程华民　童伟中　童定干　谢建华
楼倻捷

杭州优秀传统文化丛书
周江勇 主编

江南忆，最忆白乐天

李郁葱 著

杭州出版社

图书在版编目（CIP）数据

江南忆，最忆白乐天 / 李郁葱著. -- 杭州：杭州出版社, 2020.9
（杭州优秀传统文化丛书 / 周江勇主编）
ISBN 978-7-5565-1339-0

Ⅰ.①江… Ⅱ.①李… Ⅲ.①白居易（772-846）—生平事迹 Ⅳ.① K825.6

中国版本图书馆 CIP 数据核字（2020）第 167269 号

Jiangnan Yi, Zui Yi Bai Letian

江南忆，最忆白乐天

李郁葱 / 著

责任编辑	沈　倩
装帧设计	李轶军　祁睿一
美术编辑	章雨洁
责任校对	段伟文
责任印务	屈　皓
出版发行	杭州出版社（杭州西湖文化广场32号6楼） 电话：0571-87997719　邮编：310014 网址：http://www.hzcbs.com
排　　版	浙江时代出版服务有限公司
印　　刷	杭州日报报业集团盛元印务有限公司
经　　销	新华书店
开　　本	710 mm × 1000 mm　1/16
印　　张	17.5
字　　数	215千
版 印 次	2020年9月第1版　2020年9月第1次印刷
书　　号	ISBN 978-7-5565-1339-0
定　　价	48.00元

（版权所有　侵权必究）

寄 语

中华优秀传统文化是中华民族的精神命脉，是我们在世界文化激荡中站稳脚跟的坚实根基。杭州拥有实证中华五千多年文明史的圣地良渚古城遗址，是首批国家历史文化名城和中国七大古都之一，历史给杭州留下了众多优美的传说、珍贵的古迹和灿烂的诗篇。西湖、大运河、良渚三大世界遗产和灵隐寺、岳庙、六和塔等饱经沧桑的名胜古迹，钱镠、白居易、苏轼、岳飞、于谦等名垂青史的风流人物，西泠篆刻、蚕桑丝织技艺、浙派古琴艺术等代代传承的非物质文化遗产，形成了完整的文化序列、延绵的城市文脉。"杭州优秀传统文化丛书"旨在保护城市文化遗存、弘扬优秀传统文化，包括一部专著和十个系列一百余册书籍，涵盖城史文化、山水文化、名人文化、遗迹文化、艺术文化、思想文化等方方面面，以读者为中心，具有"讲故事、轻阅读、易传播"的特点。希望广大读者能通过这套丛书，走进处处有历史、步步有文化的人间天堂，品读历史与现实交汇的独特韵味，在坚定文化自信中当好中华文明的薪火传人。

周江勇

（周江勇，中共浙江省委常委、杭州市委书记，"杭州优秀传统文化丛书"主编）

序　言

文化是城市最高和最终的价值

我们所居住的城市，不仅是人类文明的成果，也是人们日常生活的家园。各个时期的文化遗产像一部部史书，记录着城市的沧桑岁月。唯有保留下这些具有特殊意义的文化遗产，才能使我们今后的文化创造具有不间断的基础支撑，也才能使我们今天和未来的生活更美好。

对于中华文明的认知，我们还处在一个不断提升认识的过程中。

过去，人们把中华文化理解成"黄河文化""黄土地文化"。随着考古新发现和学界对中华文明起源研究的深入，人们发现，除了黄河文化之外，长江文化也是中华文化的重要源头。杭州是中国七大古都之一，也是七大古都中最南方的历史文化名城。杭州历时四年，出版一套"杭州优秀传统文化丛书"，挖掘和传播位于长江流域、中国最南方的古都文化经典，这是弘扬中华优秀传统文化的善举。通过图书这一载体，人们能够静静地品味古代流传下来的丰富文化，完善自己对山水、遗迹、书画、辞章、工艺、风俗、名人等文化类型的认知。读过相关的书后，再走进博物馆或观赏文化景观，看到的历史遗存，将是另一番面貌。

过去一直有人在质疑，中国只有三千年文明，何谈五千年文明史？事实上，我们的考古学家和历史学者一直在努力，不断发掘的有如满天星斗般的考古成果，实证了五千年文明。从东北的辽河流域到黄河、长江流域，特别是杭州良渚古城遗址以4300—5300年的历史，以夯土高台、合围城墙以及规模宏大的水利工程等史前遗迹的发现，系统实证了古国的概念和文明的诞生，使世人确信：这里是古代国家的起源，是重要的文明发祥地。我以前从来不发微博，发的第一篇微博，就是关于良渚古城遗址的内容，喜获很高的关注度。

我一直关注各地对文化遗产的保护情况。第一次去良渚遗址时，当时正在开展考古遗址保护规划的制订，遇到的最大难题是遗址区域内有很多乡镇企业和临时建筑，环境保护问题十分突出。后来再去良渚遗址，让我感到一次次震撼：那些"压"在遗址上面的单位和建筑物相继被迁移和清理，良渚遗址成为一座国家级考古遗址公园，成为让参观者流连忘返的地方，把深埋在地下的考古遗址用生动形象的"语言"展示出来，成为让普通观众能够看懂、让青少年学生也能喜欢上的中华文明圣地。当年杭州提出西湖申报世界文化遗产时，我认为是一项需要付出极大努力才能完成的任务。西湖位于蓬勃发展的大城市核心区域，西湖的特色是"三面云山一面城"，三面云山内不能出现任何侵害西湖文化景观的新建筑，做得到吗？十年申遗路，杭州市付出了极大的努力，今天无论是漫步苏堤、白堤，还是荡舟西湖里，都看不到任何一座不和谐的建筑，杭州做到了，西湖成功了。伴随着西湖申报世界文化遗产，杭州城市发展也坚定不移地从"西湖时代"迈向了"钱塘江时代"，气势磅礴地建起了杭州新城。

从文化景观到历史街区，从文物古迹到地方民居，众多文化遗产都是形成一座城市记忆的历史物证，也是一座城市文化价值的体现。杭州为了把地方传统文化这个大概念，变成一个社会民众易于掌握的清晰认识，将这套丛书概括为城史文化、山水文化、遗迹文化、辞章文化、艺术文化、工艺文化、风俗文化、起居文化、名人文化和思想文化十个系列。尽管这种概括还有可以探讨的地方，但也可以看作是一种务实之举，使市民百姓对地域文化的理解，有一个清晰完整、好读好记的载体。

传统文化和文化传统不是一个概念。传统文化背后蕴含的那些精神价值，才是文化传统。文化传统需要经过学者的研究提炼，将具有传承意义的传统文化提炼成文化传统。杭州在对丛书作者写作作了种种古为今用、古今观照的探讨交流的同时，还专门增加了"思想文化系列"，从杭州古代的商业理念、中医思想、教育观念、科技精神等方面，集中挖掘提炼产生于杭州古城历史中灵魂性的文化精粹。这样的安排，是对传统文化内容把握和传播方式的理性思考。

继承传统文化，有一个继承什么和怎样继承的问题。传统文化是百年乃至千年以前的历史遗存，这些遗存的价值，有的已经被现代社会抛弃，也有的需要在新的历史条件下适当转化，唯有把传统文化中这些永恒的基本价值继承下来，才能构成当代社会的文化基石和精神营养。这套丛书定位在"优秀传统文化"上，显然是注意到了这个问题的重要性。在尊重作者写作风格、梳理和讲好"杭州故事"的同时，通过系列专家组、文艺评论组、综合评审组和编辑部、编委会多层面研读，和作者虚心交流，努力去粗取精，古为今用，这种对文化建设工作的敬畏和温情，值得推崇。

人民群众才是传统文化的真正主人。百年以来，中华传统文化受到过几次大的冲击。弘扬优秀传统文化，需要文化人士投身其中，但唯有让大众乐于接受传统文化，文化人士的所有努力才有最终价值。有人说我爱讲"段子"，其实我是在讲故事，希望用生动的语言争取听众。今天我们更重要的使命，是把历史文化前世今生的故事讲给大家听，告诉人们古代文化与现实生活的关系。这套丛书为了达到"轻阅读、易传播"的效果，一改以文史专家为主作为写作团队的习惯做法，邀请省内外作家担任主创团队，组织文史专家、文艺评论家协助把关建言，用历史故事带出传统文化，以细腻的对话和情节蕴含文化传统，辅以音视频等其他传播方式，不失为让传统文化走进千家万户的有益尝试。

中华文化是建立于不同区域文化特质基础之上的。作为中国的文化古都，杭州文化传统中有很多中华文化的典型特征，例如，中国人的自然观主张"天人合一"，相信"人与天地万物为一体"。在古代杭州老百姓的认知里，由于生活在自然天成的山水美景中，由于风调雨顺带来了富庶江南，勤于劳作又使杭州人得以"有闲"，人们较早对自然生态有了独特的敬畏和珍爱的态度。他们爱惜自然之力，善于农作物轮作，注意让生产资料休养生息；珍惜生态之力，精于探索自然天成的生活方式，在烹饪、茶饮、中医、养生等方面做到了天人相通；怜惜劳作之力，长于边劳动，边休闲娱乐和进行民俗、艺术创作，做到生产和生活的和谐统一。如果说"天人合一"是古代思想家们的哲学信仰，那么"亲近山水，讲求品赏"，应该是古代杭州人的生动实践，并成为影响后世的生活理念。

再如，中华文化的另一个特点是不远征、不排外，这体现了它的包容性。儒学对佛学的包容态度也说明了这一点，对来自远方的思想能够宽容接纳。在我们国家的东西南北甚至是偏远地区，老百姓的好客和包容也司空见惯，对异风异俗有一种欣赏的态度。杭州自古以来气候温润、山水秀美的自然条件，以及交通便利、商贾云集的经济优势，使其成为一个人口流动频繁的城市。历史上经历的"永嘉之乱，衣冠南渡"，"安史之乱，流民南移"，特别是"靖康之变，宋廷南迁"，这三次北方人口大迁移，使杭州人对外来文化的包容度较高。自古以来，吴越文化、南宋文化和北方移民文化的浸润，特别是唐宋以后各地商人、各大商帮在杭州的聚集和活动，给杭州商业文化的发展提供了丰富营养，使杭州人既留恋杭州的好山好水，又能用一种相对超脱的眼光，关注和包容家乡之外的社会万象。这种古都文化，也代表了中华文化的包容性特征。

城市文化保护与城市对外开放并不矛盾，反而相辅相成。古今中外的城市，凡是能够吸引人们关注的，都得益于与其他文化的碰撞和交流。现代城市要在对外交往的发展中，进行长期和持久的文化再造，并在再造中创造新的文化。杭州这套丛书，在尽数杭州各色传统文化经典时，有心安排了"古代杭州与国内城市的交往""古代杭州和国外城市的交往"两个选题，一个自古开放的城市形象，就在其中。

"杭州优秀传统文化丛书"在传统和现代的结合上，想了很多办法，做了很多努力，他们知道传统文化丛书要得到广大读者接受，不是件简单的事。我们已经走在现代化的路上，传统和现代的融合，不容易做好，需要扎扎实实地做，也需要非凡的创造力。因为，文化是城市功能的最高价值，也是城市功能的最终价值。从"功能城市"走向"文化城市"，就是这种质的飞跃的核心理念与终极目标。

2020 年 9 月

（单霁翔，中国文物学会会长）

西湖图（局部）

目　录

引　言
001　一个人的城市印痕

第一章
005　浅草才能没马蹄

第二章
021　到岸请君回首望

第三章
035　且向钱塘湖上去

第四章
051　绿杨阴里白沙堤

第五章
065　山寺月中寻桂子

第六章
079　亦占芳名道牡丹

第七章
097　与君名作紫阳花

第八章
111　白云本无心

第九章
125　把火看潮来

第十章
139　绿杨深处是苏家

第十一章
153　折赠佳人手亦香

第十二章
169　就中最爱霓裳舞

第十三章
189　病瘦形如鹤

第十四章
203　十里沙堤明月中

第十五章
219　取得两片石

第十六章
237　与报西湖风月知

251　白居易年谱简编
257　参考文献

引　言　一个人的城市印痕

　　白居易（772—846），字乐天，号香山居士，又号醉吟先生，祖籍太原，生于河南新郑。他是新乐府运动的倡导者，与元稹常唱和，世称"元白"，同时，又与刘禹锡并称"刘白"，后人也称他为"诗魔"。有《白氏长庆集》传世，代表诗作有《长恨歌》《卖炭翁》《琵琶行》等。

　　这是我们一般对白居易的介绍，当然也少不了作为神童故事一诗惊长安的《赋得古原草送别》，如果我们去细究唐朝的文化，当时的人似乎执着于创造神童，白居易如此，李白如此，李泌、李绅……一个个无不如此，好像他们就是天授之人，这实际上抹杀了他们人生中的努力。而如果我们静心去读白居易一生中的故事，会发现其远比这些简单的介绍要复杂和有趣得多。

　　白居易是杭州在时间里沉淀下来的一张文化名片，他与杭州有关的诗文多达两百余篇。而西湖这一名词，最早也是由白居易命名，在此之前，西湖的名字一直是钱塘湖。

　　杭州有幸，曾有这样一位诗人作为它的市长；西湖有幸，在它的豆蔻之年，管辖它的市长是一位诗人。白居易对于杭州的意义，绝不仅仅在于他诗文里的那条白堤，更应该在于他对杭州文化和城市气质的塑造。

遗憾的是，关于白居易和杭州的故事，大都很简单，语焉不详。这让我有些困惑：杭州作为白居易人生中重要的驿站，它的价值要怎么呈现？资料的匮乏无疑增加了我写作的难度，当真正去翻阅白居易和西湖的邂逅，将他短短三年中的际遇浮沉付诸文字的时候，才发觉自己或者是世人对白居易有所误会，如对于他生活的种种曲解。正如白居易广为人津津乐道的"白话诗"，个人在对白诗大量的阅读中，认为后人多有种种附会和扭曲。人们总是从自己的角度去理解他人，白居易的很多诗是复杂的，虽然有时会有一件天真的外套。

白居易是个诗人，也是中唐时期重要的政治人物，在晚年甚至有望宰执天下。这样一个人物，在后世的叙述中，往往会有很多存疑的地方。他是矛盾的，正如其思想，综合儒、释、道三家，形成了他处世中独特的进攻和防御体系，并让他在仕途生涯中也多有建树。而杭州的三年，于他七十五岁的寿数而言，实在是很短促的片段，却又是他人生的分水岭。

作为诗人，白居易不仅留下近三千首诗，还提出一整套诗歌理论。他把诗比作果树，提出"根情、苗言、华声、实义"的观点，他认为"情"是诗歌的根本条件，"感人心者，莫先乎情"，而情感的产生又是有感于事而系于时政。因此，诗歌创作不能离开现实，必须取材于现实生活中的各种事件，反映一个时代的社会政治状况。

白居易还是唐传奇的推动者，且不说他在元稹、白行简等撰写唐传奇中提供的支持和建议，后世剧作家也多有据白诗故事进行再创作者。如白居易作《长恨歌》，同游的陈鸿作传奇小说《长恨歌传》，"冠于歌之前"。元代白朴、清代洪昇据《长恨歌》分别作杂剧《唐明皇秋夜梧桐雨》和《长生殿》。元代马致远据《琵琶行》作杂剧《青衫泪》，清蒋士铨又据《青衫泪》作昆曲《四弦秋》等。

而《忆江南》《浪淘沙》《花非花》《长相思》诸小令，为文人词发展开拓了道路，这其中相当一部分，是白居易在杭州前后所写，或与西湖有关。

以上种种不是简单的"白话诗"三个字可以概括的，白居易曾将自己的诗分成讽喻、闲适、感伤和杂律四大类：讽喻诗反映了"兼济之志"，闲适诗显示出"独善之义"，都是他人生目标的直接体现。感伤诗和杂律诗则"或诱于一时一物，发于一笑一吟，率然成章，非平生所尚"。

这多少可以窥见他创作的浩瀚和他有趣的灵魂，"诗魔"之称，是指他在诗歌创作中的疯魔状态，但后人又何尝不可以把它理解为其是诗歌的魔术师。也正因为此，白诗在当时已流传广泛，上至宫廷，下至民间，处处皆有，其声名还远播吐蕃和新罗、日本。白诗对后世文学影响巨大，晚唐皮日休、陆龟蒙、聂夷中、罗隐、杜荀鹤，宋代王禹偁、梅尧臣、苏轼、张耒、陆游及清代吴伟业、黄遵宪等，都受到过白诗的影响。

书中关于白居易与杭州的故事，只是对他漫长一生中的片段观察，也许会有浮光掠影的遗憾，但又激荡着无限涟漪，这种涟漪的扩散，是我们对一个灵魂的无限接近。

书中的小标题均出自白居易和杭州相关的诗句，特此说明。书后所附白居易年谱简编，是从白居易研究学会所公布资料中摘录而来，限于篇幅，仅取与本书相关部分。

第一章

浅草才能没马蹄

1

蝉声嘈杂，七月的杭州酷热难当，久旱不雨让西湖水比丰水之年少了一半。好在半湖水中，还有荷叶田田，鸳鸯、鹧鸪穿梭其间，这才让人依稀看到江南的底色。

正是在这种烦躁中，来自长安的邸报到了，一项最新的人事任命消息迅速从官署扩散开来，在夏季的风中荡起涟漪。关注朝堂的知道，这即将到来的新一任杭州刺史，他关注民生，能够直言进谏，能够不畏权势；他诗酒风流，写过缠绵悱恻、在坊间广为传唱的《长恨歌》，也写过哀婉凄凉，让人伤感无限的《琵琶行》……

在杭州任职的八品"协律郎"殷尧藩和萧悦的内心是欣悦的。他们一个善文，一个精画，但有着鲲鹏之志的两人在杭州过得并不如意。两人的才华早为世人知晓，像年逾不惑的殷尧藩，当时便有《端午日》传世："少年佳节倍多情，老去谁知感慨生。不效艾符趋习俗，但祈蒲酒话升平。鬓丝日日添头白，榴锦年年照眼明。千载贤愚同瞬息，几人湮没几垂名。"

殷尧藩和萧悦虽然没有见过白居易，却总觉得对他是熟悉的，也许是对白居易诗文和故事的熟悉。尤其在年长一些的殷尧藩看来，白居易和自己的忘年之交韦应物应是同一类人，都是好诗人，也是好官吏。

在杭州的许多地方，人们也都在传诵着新刺史的诗文，讲述着江湖中流传的白居易脍炙人口的故事。而在殷尧藩和萧悦的交谈中，白居易少年时一诗动长安、流传最为广泛的事迹再度被描绘出来。

那是贞元三年（787），白居易十六岁。

这一天是朝廷的休沐日，著作郎顾况从午睡中醒来，却有些意兴萧索。他侧耳倾听了一阵庭院里鸟雀的鸣叫，这叫声里似乎有春天的气息。风还有些料峭，像这个庞大而多难的帝国。

顾况是著作郎，掌管编撰国史和起草重要文件的工作。他也是享有盛名的诗人，但真正能够和他交流诗歌的人并不多，这在旁人看来仿佛是顾况的高傲了，但顾况自己知道不是，只是知音难觅。布衣宰相李泌是理解他的，所以他们是挚友，而两人面常常见，但坐而论道的时间却不多。出了一会儿神，顾况问下人，今天又有谁来拜访？作为位居这个庞大国度中枢的大诗人，休沐日的时间常常会被慕名而来的拜访者占得满满的，而顾况在习惯的同时也有了淡漠和厌倦。那些人，还不是希望得到他的青睐和推许，他们小心翼翼、唯唯诺诺，但多数呈上来的诗篇，说不上好，也说不上坏，带着一种陈腐的气息。

"白居易。"顾况念了几遍这个名字，嘴角露出了一丝隐约可见的笑意。白居易的父亲白季庚和祖父白锽

顾况

都是当时略有声名的诗人,但在顾况的视野里并不出色。

一个清清秀秀,有点儿腼腆的少年人。少年人瘦而颀长,这让顾况对自己的肚腩颇有些烦躁,他是春天,而自己已是秋天了。

白居易恭恭敬敬地行礼,并递上了一卷书。

顾况漫不经心地接过,他想,大概是哪个熟悉的朋友的推荐信和他自己的诗稿吧。对这样少年郎的诗,顾况读过不少,大抵,大抵就是强说愁吧。

顾况看看少年郎,突然起了促狭之心,他没有去阅读书稿,而是说:"近来长安米价很贵,只怕居住很不容易呢!"

白居易说:"想以诗歌换斗米,在京城安顿下来。"

他的声音不高，但很坚定。

顾况有些不屑："你的诗文恐怕换不来吧！"

白居易穿着朴素，一身衣服已经被洗得褪色。

顾况说完，微微有些后悔，觉得自己刻薄了。但少年的反应却让他惊讶，白居易的脸红了一下，又迅速平复，他只是肃立着，等待长者的指点。

顾况不知道的是，在长袖里，白居易把两只手都攥成了拳头，这并不是愤怒，而是对自己的一种期许。

也许是为了掩饰自己的讪讪然，顾况翻起了白居易递过来的诗稿。看得出，为了这次拜见，白居易有着精心的准备：诗稿理得整整齐齐的，那一手字，倒也规矩，甚至有些生动。

顾况翻阅着，心里对这个少年郎倒是增添了若干好感，在同龄人中，算是出色的，不过这种心态他没有表露出来。

白居易在一侧，看着平静，内心其实是忐忑的，他多么希望得到这位大诗人的首肯啊！

房间里一时陷入了沉默。

好在这沉默很快被顾况拍案的声音打破了："好啊，好啊！"顾况的大声让在门口侍立的下人吓了一跳，他探头进来，看到的是老爷摇头晃脑吟哦的姿态。

那首诗，后来很快就传遍了帝都长安，又很快传遍了大唐辽阔的疆域，后又随着日本、新罗等国的遣唐使漂洋过海传至海外。

顾况再一次吟诵：

离离原上草，一岁一枯荣。
野火烧不尽，春风吹又生。
远芳侵古道，晴翠接荒城。
又送王孙去，萋萋满别情。

2

对于顾况的这种反应，白居易有点喜出望外，但没有觉得受宠若惊。在他短短的人生经历中，从他知晓人事开始，神童的光环一直笼罩着他。

公元772年2月28日（唐代宗大历七年正月二十日），今河南新郑城西的东郭宅，当地的大户白家又迎来了一个小生命，他第一声的啼哭也许是诗人白居易到人间的第一首诗。

这一首诗打动了产床上筋疲力尽的白陈氏，毕竟她才十六岁，这声啼哭让她感触到生命萌动的喜悦。

白家祖籍太原，是有赫赫战功的秦将白起的后裔，在白居易曾祖父时，迁居下邽，也就是现在的陕西渭南东北。白居易的祖父白锽曾任巩县（今河南巩义）县令，从白锽开始，白家之后的三代都有诗人出现。

在公务之余，白锽有着所有诗人喜山乐水的烂漫天性，这让他结交了诸多好友，比如当时的新郑县令就是他的好友，两人时常酬唱应和。白锽十分喜爱新郑，他和家人说，这样的山川和民风，是宜居之地啊！之后举家迁移到新郑城西的东郭宅。

白居易的父亲白季庚是白锽长子。白季庚和他的另外四个兄弟一样，都在外做着小官，白居易出生之时，白季庚在宋州一带。对于白居易的出生，他还是很在意的，白陈氏是他的续弦，也是他姐姐的女儿（古人医学知识贫乏，除了同姓不通婚外，亲上加亲为时人所热衷），比他小了二十六岁，无论是作为妻子，还是外甥女，都让他心疼，白居易是她的第一胎。

白居易还有五个同父异母的哥哥，或许是因为资质平庸，除了白幼文和白居易关系密切而留下名字外，另外四位的名字在历史的浩瀚中已湮没，无从考证，就像几滴雨水随着滂沱落在大海之上。倒是比白居易小几岁的同胞弟弟白行简，以后在文学史中也是鼎鼎大名。

白季庚接到家书，欣喜之余也有些惶恐，向上司速速告了假，单身匹马向老家赶去。

春寒料峭。和流传下来的白居易画像相似，白季庚面容清瘦。从宋州一路向北，经过两日旅途颠簸，到达东郭宅时，月色如霜，但白季庚却没有心情吟诗作对，他把马草草拴在柴房，在犬吠声中，在等待家人开门的时候略微平复了一下心情。

初生的婴儿其实都差不多，襁褓中小小的孩子是安静的，微微地皱着眉。

第二天，白季庚给白锽写了家书，在表达添丁之喜的同时也请父亲给孙儿命名。

过了几天，白锽的回信来了，也许是感慨乱世中生活的不易，他给这个孙儿取的名字是居易。他在信中说，日后成人，居易可以乐天为字。

我们现在无从知道，白锽是否在冥冥中预感到这是白家的麒麟儿，但大概在半年后，他们是真的感受到天才的降临了。

这个秘密是白居易的乳母发现的。

出世不过六七个月的时候，白居易还只会翻身，乳母指着"之"和"无"两个字逗他玩，他居然记住了，咿咿呀呀、手舞足蹈的，好像要说出来。之后有人让白居易辨认这两个字，他都能准确指出来。

这让白季庚和白陈氏又喜又忧，喜的是白居易的聪慧，忧的是上天总是喜欢把那些聪慧的孩子过早带走，尤其在帝国经历了安史之乱这样酷烈的黑暗后。

在他们的这种担心和期待中，白居易慢慢长大，早早显示出了他的诗才。

"道得个语，居亦易矣！"

顾况示意白居易落座，再看少年郎，朴素的衣着下有着一股蓬勃的朝气，像是一柄尚未开锋的剑。

他有些羡慕，多好的华年啊，一老一少随意攀谈起来。唐诗星空璀璨夺目，顾况在后世并没有特别大的声名，但事实上，他开启了一种更加贴近现实的诗风。而白居易在之后居于长安的岁月里，也逐渐形成了他后来的诗风。

当时，少年郎向长者表达着他的崇拜之情，是从顾况的名诗《叶上题诗从苑中流出》开始的："花落深宫莺亦悲，上阳宫女断肠时。帝城不禁东流水，叶上题诗欲寄谁？"

顾况抬须微笑，这也是他平生的一件浪漫之事，一段佳话：在天宝年间的一个秋天，顾况也是像白居易这个年岁的少年郎。他在洛阳宫墙外的溪水中，拾得从皇家宫女所居上阳宫水道流向下水池的一片红叶，叶面上有宫女题写的哀怨诗句："一入深宫里，年年不见春。聊题一片叶，寄与有情人。"（天宝宫人《题洛苑梧叶上》）

当时的顾况忽觉茫然，也赋诗一首写于红叶之上，并将这片红叶从上水池传进宫内。这就是白居易说的这首诗，他当然不敢询问之后故事的真假。

世间的传说是，顾况和那位哀怨的宫女取得联系，此后两人经常凭借红叶传送爱恋的心声。不久发生安史之乱（755—763），顾况趁战乱，在洛阳城破后，找到那位宫女逃出上阳宫，二人结为连理。

从此红叶被视作爱情之物。

顾况也许知道，也许不知道，又也许是装作不知道，他没有理会白居易见到自己后升起的八卦之心，轻轻啜了一口茶，说，年轻时的诗了。

他现在是越看白居易越顺眼，觉得白居易虽然衣着简朴，略有拘谨，但有着年轻人少有的从容和沉静。这些东西，在顾况看来，大抵属于天赋，还有就是白居易对于这个世界的好奇，从他言辞中能够流露出来。这个，

〔唐〕李思训《官苑图卷》（局部）

大概是一个诗人格局的大小了，他和白居易的父亲和祖父打交道时没有感受到过。

也是从这一天开始，顾况在他的同僚中，在他的友人间，反反复复和人说，白家有雏凤啊，他年或又是一个青莲居士。

白居易从这个时候开始为世人所知晓，后来他在诗坛的知名度远超他的父亲和祖父。虽然这时，他还是个一文不名的少年，但唐朝的诗人在顾况逢人说项的推介下很快开始传颂他的诗篇。

在这次拜见结束的时候，顾况把自己的一些诗稿给了白居易，让他下次来的时候谈谈自己的感受，比如他模仿《诗经》作《上古之什补亡训传十三章》，并效法《诗经》"小序"，取诗中首句一二字为题，标明主题。如"囡，

第一章 浅草才能没马蹄

哀闽也","采蜡,怨奢也"……

到了白居易写《新乐府》时,"首句标其目"成了一个小小的传统,这种文学上的传承犹如春风化雨。

顾况的这些乐府诗让少年白居易惊讶不已,他像是发现了一个独特的世界:原来,原来诗可以这样写,可以怨,可以不避俚俗,不乏尖刻,直接反映现实。比如那首《囝》,直接取材于闽中官吏常选幼童作阉奴,顾况写得极其沉痛,郁郁之气溢满字里行间。

这和白居易日常读到的诗是何其不同!

白居易再一次登门向顾况请教的时候,顾况告诉他:"理乱之所经,王化之所兴,信无逃于声教,岂徒文彩之丽耶?"他要告诉白居易的是,要强调诗歌的思想内容,注重教化。

这一席话让白居易豁然开朗，也使得他在赴长安之前少年游历时的一些疑问，在静静积淀之后开始发酵。

3

母亲白陈氏是白居易的启蒙老师，即使之后母亲因为精神上的疾病带给白居易诸多的麻烦，他也从未有过怨言。

但真正带他走入文学殿堂的是父亲白季庚。祖父白锽病逝之后，父亲白季庚回家丁忧居三年之丧，白居易得以和父亲朝夕相处。

白居易和他的弟弟，小名金刚奴的白幼美、小名阿怜的白行简，天天围绕在父亲膝下。听父亲讲授诗词是一种莫大的享受，在白居易之后许多年的记忆里，东郭宅的那棵老槐树下，三个稚童琅琅的读书声一直伴随着他。

到白居易八岁时，白季庚丁忧结束，被授予彭城令。

白居易记得当时父亲的那种喜悦，他清瘦的脸上散逸出一种光泽，显出一种展翅欲飞的激荡。母亲，那一刻也是格外高兴的。由僚佐转为主官，这是跨越天堑般的一步，白季庚的雄心壮志再次被激发起来。

白季庚的能力很快得到了证明。

当时的淮宁军节度使李希烈联合各路大军进讨襄阳节度使梁崇义，平卢节度使李纳背弃李唐王朝，支援梁崇义。

帝国在经过安史之乱的动荡之后，早已千疮百孔，藩镇割据愈演愈烈，天下承平还有待时日。在孤城徐州守卫战中，白季庚身先士卒，苦苦坚守四十二天。

这些，白居易是从大人的闲谈中听来的，在他的想象中，父亲的勇武和自己记忆里的谦谦书生模样有着很大的不同，他甚至写了几首赞美父亲的诗。白季庚因为这个功劳，爵位从朝散郎超授朝散大夫，官位也自彭城令升为徐州别驾。

这一年白居易十一岁。

他的兴奋劲儿还没有过去，新的问题来了，东郭宅也成为李纳兵锋所指之地。

家园不宁，白居易犹记得风中那些惊惶的脸孔，末世的惶恐笼罩着僻静的乡村，乌鸦的哀鸣像是耳蜗里冰冷的刀戈。

宁为太平犬，不做乱世人。

溱水和洧水，两条蜿蜒流淌的河流，别了！白居易自己没有意识到的是，从这一刻开始，他或许告别了他的少年时期。

白居易和家人踏上了前往徐州的旅途。

在这次的颠沛流离中，年幼的金刚奴走完了他短促的人生。这个总是像白居易小尾巴一样的弟弟，这样离开了白居易的视野，让白居易有着痛心疾首的沉默。

他们之后定居于离徐州不远的埇桥，埇桥距符离小城不远，属徐州置所，位于水陆交通要冲，十分繁华。

白居易在这里只住了两年，依然是出于乱世的缘故，白季庚和在宣州溧水任县令的兄弟白季康商量，决定让白居易去宣城定居，这也是在战乱中想出来的万全之策。

少年老成，这是白季康看到侄儿诗歌之后的评价，当时白居易已经完成了他人生中的第一次远行，白季康说："你要有更大的成就，必须到帝都去，那里风云际会，你也许会有更大的际遇。"

白季康的这种期许促成了白居易十六岁时的长安之行。果然，白居易被帝国当时的大诗人顾况所欣赏，成为诗坛冉冉升起的新星。

顾况把他视为子侄。

4

公元 789 年（贞元五年），顾况的好友和恩主李泌去世。白居易去看他的时候，顾况面露悲怆，喃喃自语："不复有擎天之柱了啊！"

顾况给白居易讲了许多关于李泌的故事，在世人熟知的智慧和谋略之外，李泌为官的韬略和从政的经验也可谓丰富。顾况告诉白居易，李泌在任杭州刺史时，对江南的民生尤为关注，特别重视普通百姓的生活细节，开凿了许许多多的水井。说起李泌来，顾况滔滔不绝。

而白居易少年时的游历，正在苏杭一带，对于江南有着直观的感受，这让他和顾况也能说上几句。当时的

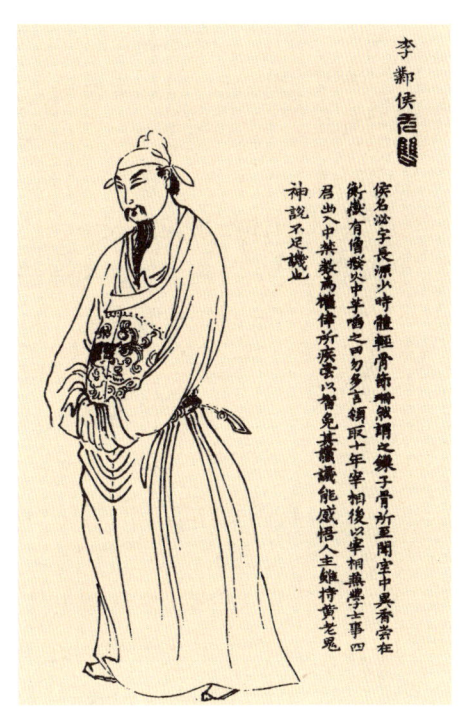

李泌

白居易没有想到的是，在很多年以后，在杭州，他会和李泌以一种薪火相传的方式相遇。

这一年的三四月间，据说因为"傲毁朝列"，"不能慕顺，为众所排"，顾况被贬饶州司户参军。

事实上这是安史之乱后唐皇朝的痼疾：党争。每一群人都有自己的诉求和自己的政治主张，又不愿意和而不同，于是相互倾轧、攻讦，打击报复等时有出现。李泌的辞世，让顾况失去了能够强有力照拂他的政治力量，顾况对此也心知肚明，欲加之罪，何患无辞！

又过了五年，顾况离开饶州，晚年定居茅山。

在以后漫长的岁月中，白居易时常会在脑海中勾勒出一幅茅山月升的画面。那一日他去送别，看不出顾况有多少的悲哀，他神色安详平静，拍着白居易的肩膀说，回去吧，过几年再来。

白居易懂顾况的意思，诗可以给他带来偌大的声名，但如果想兼济天下，还需要更多的修炼。长亭外，白居易久久鞠躬。春风有些凉意，白居易知道，他第一次的帝都之行结束了。

在蝉声的喧嚣里，在殷尧藩和萧悦等人的期待中，在江南少有的久旱里，白居易从长安启程前往杭州。在距离长安遥远的杭州，这时的白居易更多的是一个传说。

江南，白居易并不陌生，他少年时曾经踏足此地，而白居易不曾想到的是，作为鱼米之乡的膏腴之地，这两年的杭州，正被少见的干旱所侵袭着，这也是对白居易的一次考验。

公元 822 年，白居易五十一岁，刚过知天命之年。

第二章

到岸请君回首望

1

古代的交通,或者更能让人体会到国土辽阔所带来的旅程缓慢。从长安出发,携妻带女的白居易走得不快,这漫长的行程让他能够沉静下来,远离帝都的喧嚣,思考一些人世的问题。事实上,公元772年出生的白居易,此时已过了知天命之年。

对于这一次的外放,在不明就里的人看来也许是一

白居易

次远贬，是仕途上的挫折。白居易此前是中书舍人，是天子近臣，而朝廷体恤他年老位卑，特赐着绯袍，白居易自己写过这样一首诗："命服虽同黄纸上，官班不共紫垣前。青衫脱早差三日，白发生迟校九年。曩者定交非势利，老来同病是诗篇。终身拟作卧云伴，逐月须收烧药钱。五品足为婚嫁主，绯袍着了好归田。"（《酬元郎中同制加朝散大夫书怀见赠》）

但白居易依然想着做些实事，对他自己来说，这其实是多方思量的结果：一年多来，他一直在谋求去地方任职的机会。

822年的夏天，伴随着蝉声嘈杂所带来的烦躁，白居易谋求外任一事终于有了明确的消息：杭州刺史。对于到地方上去，白居易感到由衷地欢乐，少了那些蝇营狗苟和利益团体的掣肘，他也许能够做一些实事。这也是多方政治势力博弈的结果，毕竟，后世说的"东南形胜，三吴都会"的杭州此时也已是帝国重镇，虽然相对于长安、洛阳、建康（今南京）、江都（今扬州）、江陵（今荆州）、会稽（今绍兴）等老城而言，当时的杭州城并不瞩目。

其时，杭州城区从城南的江干扩大到城北的武林门（按后世的城市区域划分），城市人口从原来的1.5万户猛增到10万余家，与日本、新罗等国建立了通商贸易关系，经济繁荣。

既然要出守杭州，白居易也是做足了功课，比如杭州的社会时情，生产、居住、饮食、服饰、婚丧、岁时、庆典、礼仪等民情风俗他也一一加以了解。

而且，他对杭州并不陌生。

从朝中下值后回到家，把这个消息告诉家人后，白居易抱着女儿阿罗，对已经有点懂事的女儿说："知道吗？我年轻时就去过杭州（当时也称余杭）。"

阿罗眨着亮晶晶的眼睛，好奇地问父亲："阿耶（唐朝时对爸爸的称呼），那杭州是怎么样的啊？比长安还要好吗？"

白居易摸着阿罗的头，陷入遥远的记忆里，说："余杭乃名郡……"

白杨氏在边上扑哧一声笑了出来，她一个小娃娃，能懂什么啊！白居易说，会懂的啊，你们到了那里就知道了，江南，那就是一幅美轮美奂的画啊！白居易的语气里有着浓浓的缱绻，春光从他的声音里透出来，充满欢愉。

阿罗听了很高兴，她从父亲的声音里听出了父亲的快活，她最开心的是和父亲可以不分开了。她摇着白居易的手臂：我们都要去的啊！

2

白居易的思绪一下子飘得很远，江南，这个国度的南方。那是他第一次出门游历，十四岁吧，可能还不到一点。

光阴荏苒，当年的翩翩少年，现在已经两鬓苍苍。

当时白居易一家定居于离徐州不远的埇桥，埇桥距符离小城不远，属徐州置所，位于水陆交通要冲，百业繁荣。但因是乱世，白居易父亲白季庚和在宣州溧水任县令的兄弟白季康商量，决定让白居易去宣城定居，这也是在战乱中想出来的万全之策，在最不好的情况下，能够为白家留下一息血脉。

在白居易的一生中，每当他回顾这段人生时，都充满了感激。叔父白季康十分理解白居易，对他的文字天赋更是悉心呵护。白季康说，读万卷书，也要行万里路。正是在那个时候，白季康鼓励白居易去江南漫游，开阔眼界，也让他接触到了底层人民的生活。

对阿罗讲述少年时的游历，把白居易的思维拉到了自己遥远的少年时。

上有天堂，下有苏杭。在隋炀帝杨广贯通运河以后，江南之地的秀丽和膏腴已为世人所知，从某种角度去看，苏杭两地很相似。少年白居易，从宣城出发，沿衢江、兰江到达桐庐，又由桐庐沿富春江来到风景秀丽的杭州，并从杭州一路逶迤，沿着运河到了江南雄郡苏州。

在白居易少年游历苏杭之时，当时的苏州刺史是韦应物，而杭州刺史是房孺复，这两位都有文名，尤其是韦应物，少年时的白居易常常背诵他的《滁州西涧》："独怜幽草涧边生，上有黄鹂深树鸣。春潮带雨晚来急，野渡无人舟自横。"

韦应物是京兆万年（今陕西西安）人，韦氏家族为关中望族之首。《旧唐书》论及韦氏家族说："议者云自唐已来，氏族之盛，无逾于韦氏。其孝友词学，承庆、嗣立为最；明于音律，则万石为最；达于礼义，则叔夏为最；史才博识，以述为最。"

韦应物自小聪慧，却不喜欢读书，好在他出身好，十五岁就任三卫郎，为唐玄宗近侍，出入宫闱，扈从游幸，可见唐玄宗对他的喜爱和重视。他的读书经历也十分传奇，在安史之乱爆发后，因为玄宗去了四川，他没有工作了，这才开始立志读书，据说每一天都少食寡欲，"焚香扫地而坐"。到了唐代宗和唐德宗秉政之时，韦应物先后为洛阳丞、京兆府功曹参军、鄠县令、比部员外郎、滁州和江州刺史、左司郎中、苏州刺史。

在苏州刺史任上，韦应物为当地的民生倾注了大量的心血，韦苏州的称号也由此而来。白居易游历苏州城时，苏州城内外的百姓无不交口称赞韦应物，这对白居易内心的冲击颇大，尤其是当听到韦应物时时反躬自责，为自己没有尽到责任而空费俸禄自愧时。

"身多疾病思田里，邑有流亡愧俸钱。"韦应物的这两句诗白居易常常记起。那个时候，韦应物的年龄和现在的白居易相差无几，当年的少年心里是非常想去拜访长者的，但却是无门可寻。

白居易此时不知道的是，在杭州刺史任后，他也将追随韦应物的步履牧守苏州。

而当时的杭州刺史房孺复，也是世家出身，和韦应物一样，也和白居易一样，出生后早早就展示出了才华，据说七八岁的时候即能出口成章。像他流传后世的诗作《酬窦大闲居见寄》极见功力："来自三湘到五溪，青枫无树不猿啼。名惭竹使宦情少，路隔桃源归思迷。"

相比韦应物，房孺复的口碑并不好，主要是因为他的私德。房孺复恃才傲物，且极端自私，他娶了郑氏女子为妻，日久生厌，在郑氏产后三四天便令其与他一起外出，几天后，郑氏得风疾而亡。在杭州刺史任上，房孺复又娶了台州刺史崔昭的女儿。这崔氏凶悍善妒，曾命人杖杀房孺复的两个侍婢，从当时的律法和风俗而言，崔氏犯了"七出"之罪，后房孺复也因此遭贬。

不说私德，房孺复的才华却是真实的，他和韦应物是性情相投的好友（韦应物后来写过一首诗送给遭贬的房孺复："专城未四十，暂谪岂蹉跎。风雨吴门夜，恻怆别情多。"），两个人都好酒好文，性格上也都刚愎自用。

白居易记得，在杭州漫游时，有一天在客栈休息，听小二吹牛说，今天在西湖边看见两位大人在喝酒吟诗了。按道理，父母官这样放任懈怠，子民应该感到难受：他们在不务正业啊。但苏州和杭州的百姓对这样的父母官却津津乐道，他们喜欢看到两位大人投机和快乐的样子，觉得很是光彩，私底下把他俩称为"诗酒仙"。

从这一点去看，韦应物也好，房孺复也好，对自己辖地的治理颇为人道。韦应物和房孺复的酒局当然不会只有两个人，当时的名流如顾况、李泌、柳浑、丘丹等俱是座上宾，他们或在苏杭一带定居，或有机会旅居江南，这些人的每一次聚会，都有诗文传出。

这些都是少年脑海里神话般的人物和传奇啊，他们能够聚集在一起，把酒言欢，纵情于文字的节奏和幻美中，少年白居易对此十分艳羡，很多年后在回忆中他不无遗憾：只可惜当年"以幼贱不得与游宴"。

这样的聚会，大概是天底下最好的事了。

白居易不由想起了当年自己的雄心壮志，在艳羡之余，这少年的心里想，今后一定要成为这一州之主，就像韦应物和房孺复一样，能够在这一片土地上抒写自己的抱负。

对自己少年时的这一段游历，白居易在自己的讲述中仿佛重温了一次，他想到了之后的长安游，想到了从长安回家后的苦读、应考、中进士的往事，想到了自己苦求进身之阶的初心。

江南，记忆里江南的颜色，那是柔软如水之清澈。

3

> 感时思弟妹，不寐百忧生。
> 万里经年别，孤灯此夜情。
> 病容非旧日，归思逼新正。
> 早晚重欢会，羁离各长成。

那一年在江南，白居易写下了这首思念家人的《除夜寄弟妹》诗。他想家了，但当时战火依然，兵连祸结，只能怅然北望。他写在当时的另一首诗《江楼望归》反映的也是这种心绪：

> 满眼云水色，月明楼上人。
> 旅愁春入越，乡梦夜归秦。
> 道路通荒服，田园隔虏尘。
> 悠悠沧海畔，十载避黄巾。

白居易这一次赴杭州刺史任，国家的大环境已经比旧游时好了许多，但还远远没到海晏河清之时。这一次能够去地方任职，他想实现自己的某些想法。

临行的前一日，弟弟白行简前来送别，两兄弟这两

望海楼

年在长安朝夕相对,但这一次不得不分开了,白行简现在的官位是白居易曾经担任过的左拾遗,他对白居易说:"不能和兄长同去,心中凄然。"

白居易叮嘱他,要谨言慎行,庙堂之高,实际上也就是江湖之险,人心的险恶远甚世道的艰难。

对白行简这个弟弟,白居易的期许之高甚至超过了对自己。白行简才华横溢,和元稹在闲暇时写的传奇故事让白居易击节赞叹,但白居易担忧的是,白行简的很多想法为世俗所不容,容易遭到政敌的攻讦。

他看了一眼春风得意的弟弟,暗暗吞下了已到喉咙

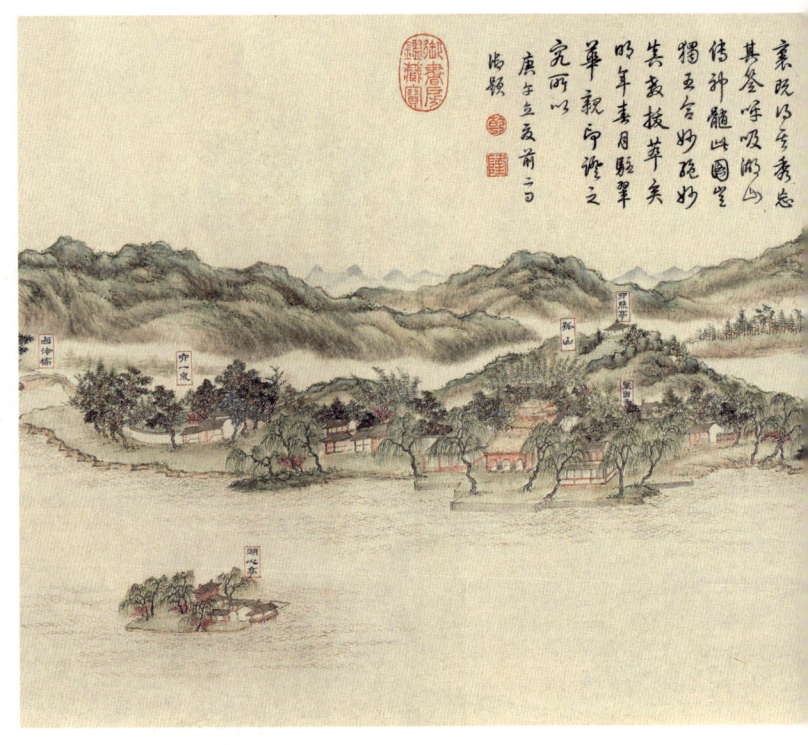

〔清〕董邦达《西湖十景图》（局部）

口的话，有些事最好自己去体会。

这次去杭州，另外一个让白居易有所期待的是，这两年，曾经是好友的裴度和元稹龃龉不断，元稹罢相，目前为同州刺史，有传言说将转任浙东观察使，官署在越州（今绍兴）。而此时，白居易的外放要求得到实现本身就很微妙，当然，相交莫逆的两人同在浙江更是一件值得庆幸的事。

"杭州五千里，往若投渊鱼。虽未脱簪组，且来泛江湖。"在长安城门和送行的友人挥别后，这首《马上作》脱口而出。白居易的这首诗，有着从乱局中脱身而出后的欢欣，也是他内心向往的一种无为而治思想的投射。

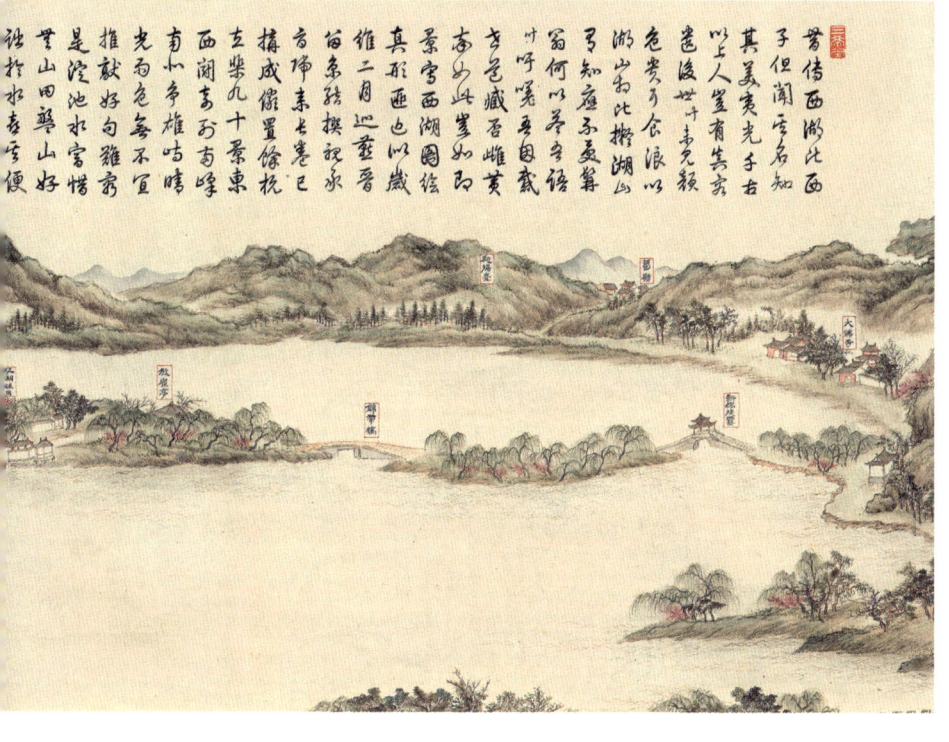

但真的会碌碌无为吗?"杭州五千里,往若投渊鱼",这一句诗可能更是白居易内心的流露,涌动着一种自由无碍的气息,只有高阔的天空才能发挥雄鹰翅羽的作用。

此时,由于宣武叛乱,常规从都城前往江南的水路汴河封道,白居易一家只能取道襄汉。这种路途上的颠沛让白居易对国家正在发生的动荡担忧不已,但一路上有着阿罗的童稚笑语,颇有天伦之乐。

阿罗对于江南的想象充满着孩子世界里的天马行空,让白居易想到自己的少年时,那个时候,他的第一次江南行同样是在好奇和慢慢熟悉中交替,而江南,成为他此后生活中一个秘密的源泉,滋润着他的文学创作。

4

行路漫漫,从长安出发,整整三个月的跋山涉水后,白居易一家才到达杭州。

这一路的行程,白居易自己用诗记录了下来。

从题下自注"自此后诗俱赴杭州时作"的《长庆二年七月自中书舍人出守杭州路次蓝溪作》开始,《初出城留别》《过骆山人野居小池》《宿清源寺》《宿蓝桥对月》《自望秦赴五松驿马上偶睡睡觉成吟》《邓州路中作》《朱藤杖紫骢吟》《桐树馆重题》《过紫霞兰若》《登商山最高顶》《初下汉江舟中作寄两省给舍》《自蜀江至洞庭湖口有感而作》等,到题下自注"自此后诗到杭州后作"的《初领郡政衙退登东楼作》结束,这些诗文记录了白居易此次出守杭州的行程。

一道残阳铺水中

这种漫游或许是一种灵与肉的沉浸和感应，在这种与自然和天地的对话里，白居易或许悟到一种真谛。

人生天地间啊！这种心境的微妙就像他在《暮江吟》一诗中所表达的：

一道残阳铺水中，半江瑟瑟半江红。
可怜九月初三夜，露似真珠月似弓。

人生事，往往不能求得圆满。

正是深秋时节。距离杭州越近，他越有些忐忑。这一日过江时，他看着江水中那个头发稀疏、形容枯槁的老者身影，想到自己上一次来杭州时还是少年，如今人已入秋，不由感慨：

退身江海应无用，忧国朝廷自有贤。
且向钱塘湖上去，冷吟闲醉二三年。

他指着远方那条奔腾宽阔的大江对阿罗说：那就是钱塘江，我们就要到了。

公元 822 年的深秋，山头的树叶色彩缤纷，天气还不十分萧瑟，杭州迎来了一位诗人。这位诗人在他的《余杭形胜》诗中这样描述当时的杭州：

余杭形胜四方无，州傍青山县枕湖。
绕郭荷花三十里，拂城松树一千株。

第三章

且向钱塘湖上去

1

……蒙恩除授杭州刺史。属汴路未通,取襄汉路赴任,水陆七千余里,昼夜奔驰,今月一日到本州,当日上任讫。上分忧寄,内省庸虚,仰天感恩,跼地失次。臣某。中谢。臣谬因文学,忝厕班行。自先朝黜官已来,六年放弃;逢陛下嗣位之后,数月征还。生归帝京,宠在郎署。不逾年擢知制诰,未周岁正授舍人。出泥登霄,从骨生肉;唯有一死,拟将报恩。旋属方隅不宁,朝廷多事,当陛下旰食宵衣之日,是微臣输肝写胆之时。虽进献愚衷,或期有补;而退思事理,多不合宜。臣犹自知,况在天鉴?忝非土木,如履冰泉。合当鼎镬之诛,尚忝藩宣之寄。才小官重,恩深责轻。欲答生成,未知死所。唯当夙兴夕惕,焦思苦心,恭守诏条,勤恤人庶,下苏凋瘵,上副忧勤。万分之恩,莫酬一二。仰天举首,望阙驰心。葵藿之志徒倾,蝼蚁之诚难达,无任感恩激切之至!谨奉表称谢以闻。

在抵达江南名郡杭州后,白居易即刻写了《杭州刺史谢上表》。这是一种政治姿态,作为从三品的刺史,一个地方的最高长官，这种素养是必需的。白居易的《杭州刺史谢上表》同样也是这种八股文章，很多官场人物都会写，但能不能做到自己所表述的，却难说得很。

在就任杭州刺史之前，白居易除了短暂地担任过忠州刺史之外，并没有担任过地方上的实职，这一次，对白居易而言，是一次施展自己才华的机会，但同样也是一次挑战：他是真正具有施政能力、泽被苍生的官吏，还是赵括般仅仅限于纸上谈兵？

迎接白居易到来的，除了殷尧藩和萧悦这两位以后也有文名的下属外，尚有范阳卢贾、汝南周元范、清河崔求、东莱刘方舆、余杭县令常师儒等人。这些人看向白居易的目光是炙热的，这并不奇怪，他们不光会是白居易在杭州刺史任上的属官和幕僚，同样还追慕于他的才华和他所发起的新乐府运动。

用后世的话来说，白居易是他们的偶像，他们大抵就是白居易的崇拜者，就像周元范所写的《投白公》："谁云蒿上烟，随云依碧落。"诗中的投效之意非常明确，而周元范也是白居易在杭州刺史、苏州刺史任上的判官，后张为在他的《诗人主客图》中，把周元范列为"广大教化主"白居易之及门之一，也就是说他是白居易的入室弟子。

其他的几位，事实上也是白居易之后在杭州这几年的诗酒之友，多年后白居易所写的《忆杭州梅花因叙旧游寄萧协律》诗中还有提到：

三年闲闷在余杭，曾为梅花醉几场。
伍相庙边繁似雪，孤山园里丽如妆。
蹋随游骑心长惜，折赠佳人手亦香。

赏自初开直至落,欢因小饮便成狂。
薛刘相次埋新陇,沈谢双飞出故乡。
歌伴酒徒零散尽,唯残头白老萧郎。

里面除了提到萧悦、刘方舆等人外,甚至还有沈平、谢好两个和他们一起歌舞嬉戏的歌姬,这是后来的事。这些幕僚和下属官对白居易无疑抱有极大的期待和热忱,在一一的寒暄中,白居易记住了这些未来三年将朝夕相处的同僚,正如我们所知道的,在未来,他们也将结下深厚的情谊。

众人众星拱月般簇拥着白居易一家进了州衙,白杨氏带着阿罗和下人自去后院整理收拾,而白居易和诸人前厅落座,白居易也想知道杭州现在的状况。

银河沙涨三千里,梅岭花排一万株

唐朝时的刺史府（州衙）和其他官衙一样，通常是前面部分办公，后院为刺史起居生活区，在之后的三年，如果没有特殊情况，白居易会是这里的主人，在办公区坐衙，批阅公文，比如各县上报的表册，申请调拨的物资钱款……这些都需要刺史签字。

但按照惯例，白居易并不直接管杭州的税赋，下属各县的税收，除了自留的外，都会上缴刺史府，刺史府除留存一些用作办公经费、人员薪俸等开支外，其余要上缴中央政府。从品级上看，白居易已经不是基层官僚，他不管民，主要是管官（县令）。刑狱司法方面，小罪县令自决，流刑（流放）以上需要白居易复核批准，而杭州府里的死刑判决需要上报到刑部批准，白居易只有建议权。

唐朝时候公务员的作休制度，比现在的每周双休辛苦得多，唐制每旬一休沐，也就是每10天休息一天。春节和后世一样，放假7天，冬至大如年，也同样放假7天，但放假期间州衙内有官员轮值。

三个月的长途跋涉后，白居易的杭州刺史生活就这样开始了。

2

但很不巧的是，白居易知杭州的这一年是个荒年，这也许是为了考验白居易的执政能力。事实上，在走入杭州城的那一刻开始，白居易已有所感觉，这个城里走动着的人脸上因饥馑和困顿所散发出的气息，不是一个鱼米之乡的正常味道。

从下属的七嘴八舌中，白居易有了一个直观的感受：

杭州遇上了持续干旱，本是鱼米之乡的杭州民生凋敝，老百姓食不果腹，难怪他看到的老百姓脸上都是一副不开心的模样。包括当天在座的各位僚属，尽管是拜见上官，一个个收拾得干干净净，一尘不染，但脸上的憔悴之色却显而易见。

但白居易还是觉得很惊讶，他是从富春江这边入城的，尽管水位有所下降，但毕竟没有枯竭，而坐拥钱塘江、富春江这样的浩荡江水，城里也有西湖这润泽之湖，可以作为天然的蓄水池，为什么还会发生水荒？

纸上得来终觉浅。湖光山色固然动人心魄，但白居易到杭州的开始却是老天给他的下马威。从人类文明的发展史去看，与一个地方的发展或者说与普通百姓的生产生活最为息息相关的莫过于水利。

在江州，李渤和白居易交流过这方面的经验。民以食为天，而这食，得从地里种出来，大涝或大旱，都是作物耕种的大忌，但老天的事我们也没有办法去改变，我们能够做的是在老天爷的眼皮底下做一些平衡。

同样，杭州固然山明水秀，三面环山，一面环湖，在通常时节，周边山上淙淙不竭的山泉随处可见，西湖又蓄着一湖淡水，但是"大抵此州春多雨，夏秋多旱"。

白居易思忖了片刻，把目光投向余杭县令常师儒，语气中颇有些不解和恼怒："干旱时，为什么不把西湖水放出去灌溉农田，以缓解土地的干渴？"

常师儒唯唯诺诺。白居易初来乍到，作为直接的下属，常师儒并不知道白居易的脾性，所以一下子也不敢把话说得太直白，但不说又不行。白居易斜瞥着他，常师儒想：是福不是祸，是祸躲不过！他决定实话实说。

常师儒向白居易拱手说："西湖的水太浅，湖底都是淤泥，如果干旱天放水灌溉，不光起不到作用，把湖里的水放完了，还会影响湖中鱼虾和菱藕的生长。"

对常师儒的话，白居易不置可否，座中的其他诸位频频点头，脸色颇有些沉郁。白居易也并非不相信这些官员的操守，但作为一地的长官，他不能轻易表明自己的态度，何况也存在惰政的可能。

白居易把心思藏了起来，吩咐下人，去外面店里买些熟食和小炒回来，他要宴请下属。这是他临时起意，也有和下属拉近关系的意思。

座中的这些人还有些惴惴不安，白居易也不以为意，他指指面容清癯的殷尧藩说："尧藩，你的七律《端午日》写得好啊：少年佳节倍多情，老去谁知感慨生。不效艾符趋习俗，但祈蒲酒话升平。鬓丝日日添头白，榴锦年年照眼明。千载贤愚同瞬息，几人湮没几垂名。"

得到白居易的夸奖，殷尧藩颇觉欣悦，还有些腼腆，毕竟面对的是帝国诗坛的巨人。说到殷尧藩，其在诗人辈出的唐朝并不引人注目，和很多诗人一样，殷尧藩早年贫困失意，后来被举荐为官，多年后带着对时局的失望做了隐士。《全唐诗》存其诗一卷，但他后来被白居易赞为"江南名郡数苏杭，写在殷家三十章"的《忆江南》三十首，却在时间中散佚了。在殷尧藩的另外一些诗句中，我们也可以看到江南的一些风貌，比如"酒熟送迎便，村村庆有年"，写的便是江南乡村社日时的场景。

一谈诗论文，气氛就活跃了起来，尤其是在座的大都是亲民官，来自基层，对新乐府所描述的民间疾苦心有戚戚。这引出了一个问题：文学当为何而作？

对这个话题，白居易当仁不让，侃侃而谈，在此前的《与元九书》中，他说："仆志在兼济，行在独善。奉而始终之则为道，言而发明之则为诗。谓之讽喻诗，兼济之志也；谓之闲适诗，独善之义也。"《与元九书》是深思熟虑后归纳了的理论，也是他一生诗学的沉浸，他把自己的写作分讽喻、闲适、感伤、杂律四类诗，大体表达了他达则兼济天下，穷则独善其身的人生理念。

在白居易用他的生活经历讲述这些文学理念的时候，殷尧藩、萧悦、卢贾、周元范、崔求、刘方舆、常师儒等人大抵正襟危坐，洗耳恭听，《长恨歌》《琵琶行》《卖炭翁》等这些作品他们耳熟能详，家国情怀在这些字句中闪耀。

免不了觥筹交错，当小阿罗好奇地探头张望之时，一群人在酒意中已醉态可掬，好像白居易已经融入了杭州，或者说，杭州已经接纳了白居易。

3

接下来几日，白居易一直带着人在杭州城里转悠。杭州此时辖钱塘、盐官、富阳、新城、余杭、临安、於潜、唐山八县，州城由原来的城南沿江一带发展到今天的武林门一带。同时，因为运河的沟通，杭州也是东南的货物集散地，与广州、扬州并列，为当时三大通商口岸之一。

按照白居易之前做的功课，杭州无论如何该是繁华的。但在这个秋天，走街串巷，田头地尾，犹如抽丝剥

白堤烟柳幕桃花

茧一样的田野调查后，白居易有些泄气，民生相比于北方要好了许多，但作为东南大郡，杭州近年的凋敝显而易见。

水荒的根源他倒是摸清楚了，原来西湖并没有得到根本整治。这湖是一旦遇到干旱天气，水浅到不够灌溉农田；但如果遇到洪涝天气，又会湖水泛滥，杭州城里一片汪洋。

白居易突然想到了在赴杭州途中和李渤的相遇。李渤，当时任江州刺史，就是那个写《南溪诗》的李渤李白鹿，"若值浮丘翁，从此谢尘役"这两句诗是白居易所欣赏的，两人年龄相仿。说到李渤这个人物，我们不妨看看《旧唐书》对他的评价，大意如此：李渤品德高尚，不随便附和。势利之徒谓其矫情求誉；正人君子言其以直言被斥，终不息言，以挽救时病，值得尊重。

李渤是 821 年出任江州刺史的，他上任时，江州大旱，而当时在江州管理财政的官员张叔平，居然雪上加霜，要征民户 36 年前的拖欠税款。李渤慨然上疏为民请命，陈奏"州管田二千一百九十七顷，今已旱死一千九百顷有余"，并在疏中表示：如不准奏，"臣既上不副圣情，下不忍鞭笞黎庶，不敢轻持符印，特乞放臣归田"。

以辞官来要挟朝堂答应他的请求，这一腔爱民之心天地可鉴，白居易知道这段故事，对李渤打心眼里佩服，两人有着相近的追求，自然是把酒言欢。

曾经江州的经历，对于白居易而言，并不是一个好的记忆，"座中泣下谁最多？江州司马青衫湿"（《琵琶行》），当年遭贬后的场景还历历在目，不过此次心境颇有不同。

李渤带了白居易去庐山五老峰，那是当年他和兄长李涉筑草堂隐居读书之地，当地文人雅士时常慕名上山与之交谈，谈诗论学。李渤养有一头白鹿自娱，白鹿十分驯服，常随主人外出走访游玩，还能帮主人传递信件和物品。当地人因此以鹿名人，称李渤为白鹿先生；以鹿名地，称此处为白鹿洞。

阿罗对李渤的白鹿非常喜爱，而白鹿也温驯，由得阿罗抚摸，咀嚼着阿罗递给它的草叶，频频示好。

谈了一会诗文，白居易向李渤讨教地方为政的诀窍。李渤比白居易小一岁，出生于773年，但在地方上为官的经验远较白居易丰富，白居易不耻下问，李渤也是一一告知。

李渤所说的在江州的一项工程让白居易赞叹不已，他没想到的是第二年，在他的主持下，江州的这项工程在杭州有了升级版。

江州治署城南有一南湖，约一千二百多亩，东抵北风嘴，西连龙开河，南接山川岭，北依浔阳城。由于湖面宽阔，南来北往行人诸多不便。李渤为了方便行人，遂鸠工在湖中筑堤。堤长七百步（约一公里），南连山川岭，北接城池的南门口，沟通南北，往来称便。堤上还建桥安闸，控制和调节水位，兼有灌溉农田之利（后人将此堤命名为李公堤，外湖名甘棠湖，桥名思贤桥）。

白居易到江州时，这项水利工程尚未竣工。李渤向白居易说起的时候，拈须而笑，想来内心是极为自得的。

白居易不由击掌赞颂：兄之所为，乃是万家生佛。

李渤说，不过是尽人事罢了，在其位，当谋其政。

白居易想到李渤在江州的做法，想，能不能把这种做法拿过来呢？以有余补不足，让西湖尽到最大的效用？

这是摆在刺史白居易面前的一道题目，对方圆三十里的西湖进行疏浚，在白居易的年代，是个浩大到让人望而生畏的工程，这也是之前历任刺史在这上面无所建树的原因之一。

杭州的很多官吏，实际上对民生十分重视。就在杭州的辖区内，据《新唐书·地理志》记载，在白居易任刺史之前，贞观年间富阳郝县令开阳陂湖；贞元十八年（802），於潜县令杜泳开紫溪。在白居易除杭州刺史后，唐敬宗宝历年间，余杭县令归珧开上湖、下湖和北湖；还有临安县开凿的官塘等。杭州境内兴修的水利工程为数众多，极大地促进了农业生产，从另外一个角度来说，杭州历代的官员大都兢兢业业，为这一地的繁茂颇多建树。

一个个的想法在慢慢地酝酿，但首先还得把情况摸清楚。对于杭州的好感，白居易在慢慢加深，这里有"鱼盐聚为市，烟火起成村"的社会风俗，有"灯火家家市，笙歌处处楼"的岁时风俗，有"岁熟人心乐，朝游复夜游"的西湖夜游……

西湖边的秋天，山色锦绣，而水域之上，南飞的野鸭和大雁翔集。这里的风光和北地迥然不同，让阿罗也大开眼界。在这段时间里，白居易对下属的这些官员也有了深入的了解，比如像萧悦，那是真的才华横溢，让白居易爱护有加，尤其他工于书画，尤善画竹。

据传,墨竹画肇始于唐明皇李隆基,而萧悦则是深得三昧的传人,在当时的大唐画坛首屈一指,至少在白居易看来有着无与伦比的魅力。文人喜竹,是喜欢竹的那种挺拔的风骨,墨竹画尤其能够呈现文人的雅致,从魏晋的竹林七贤开始,这大概就是文人圈里一个符号般的传统。

作为下属,又有共同的审美倾向,休沐日的酒后,在一片竹林边,萧悦挥毫为白居易写了十五竿,这十五竿墨竹也在白居易的诗《画竹歌》中有了独特的影子:

〔唐〕荥阳《竹图》

植物之中竹难写，古今虽画无似者。
萧郎下笔独逼真，丹青以来唯一人。
人画竹身肥拥肿，萧画茎瘦节节竦。
人画竹梢死羸垂，萧画枝活叶叶动。
不根而生从意生，不笋而成由笔成。
野塘水边碕岸侧，森森两丛十五茎。
婵娟不失筠粉态，萧飒尽得风烟情。
举头忽看不似画，低耳静听疑有声。
西丛七茎劲而健，省向天竺寺前石上见。
东丛八茎疏且寒，忆曾湘妃庙里雨中看。
幽姿远思少人别，与君相顾空长叹。
萧郎萧郎老可惜，手颤眼昏头雪色。
自言便是绝笔时，从今此竹尤难得。

这是对萧悦的墨竹推崇备至啊，白居易在诗前小序中表明了他的态度："协律郎萧悦善画竹，举时无伦。萧亦甚自秘重，有终岁求其一竿一枝而不得者。知予天与好事，忽写一十五竿，惠然见投。予厚其意，高其艺，无以答贶，作歌以报之，凡一百八十六字云。"

在白居易看来，萧悦的画猛一看已到"不似画"的乱真程度。观画时，观者如同置身于竹林之中，甚至可以听到竹叶瑟瑟的抖动声。

诗和画相辅相成，萧悦本来就画技高超，被白居易的诗歌这样一渲染，更加声名大噪，求者如云，但萧悦很惜笔，并不轻易出手。

4

但诗画虽好，却不能果腹，也不能御寒。

这年的十一月，天气突然转冷，一场没有预兆的大雪铺天盖地而来。雪下了数天，对杭州的干旱而言，这也许是一次转机，但对于缺衣少穿的人而言，这是一道坎。

在州衙，白居易看了会书，因为下雪封道有点无所事事，他想找人聊聊，想了想，去了协律郎（八品）萧悦和殷尧藩的房间。到门口正要进去，却看见两人在房间里哆哆嗦嗦缩成一团取暖。白居易悄悄走开，去了后院，让白杨氏翻出了自己的两件皮袄。

白居易捧着皮袄，走进两人的房间，一一给他们披上，拍拍两人的肩膀，望着还下得纷纷扬扬的大雪，一声长叹。这两件皮袄的尺寸和萧悦、殷尧藩的体型相差颇大，又是白居易穿过多年的，回到房间后，白居易又掏钱让下人到衣坊赶制了两件新裘赠予两君。

雪后的天气是洁净晴朗的，萧悦和殷尧藩写诗向白居易表达谢意时，白居易感叹："如此小惠何足论。"他的内心充满了愧疚和沉痛，下属有一份官俸，尚且如此潦倒和窘迫，何况普通的黎民百姓呢？

这天晚上，他独自喝了点酒，看着两人写给他的谢诗，提笔写下了《醉后狂言酬赠萧殷二协律》：

余杭邑客多羁贫，其间甚者萧与殷。
天寒身上犹衣葛，日高甑中未拂尘。
江城山寺十一月，北风吹沙雪纷纷。
宾客不见绨袍惠，黎庶未沾襦袴恩。
此时太守自惭愧，重衣复衾有余温。
因命染人与针女，先制两裘赠二君。
吴绵细软桂布密，柔如狐腋白似云。
劳将诗书投赠我，如此小惠何足论。

我有大裘君未见，宽广和暖如阳春。
此裘非缯亦非纩，裁以法度絮以仁。
刀尺钝拙制未毕，出亦不独裹一身。
若令在郡得五考，与君展覆杭州人。

这首诗大体表达了白居易在杭州想要做的事，他不光想庇护两位下属，也想把更大的大裘盖裹在杭州人民的身上，就像杜甫说的"大庇天下寒士俱欢颜"。他诗中所写的"大裘"，用的不是丝织原料，也非刀尺所能裁制，他要用法律制度去剪裁，用仁爱作棉絮。

白居易的杭州刺史之任，开始的时候并不美妙，但终究，他不是当年那个青涩的少年了，他有能力改变很多事。

第四章

绿杨阴里白沙堤

1

雪后的杭州银装素裹,偶尔可见几只觅食的雀鸟,白居易瞧着,有点漫不经心,有点恍惚,这小小的雀鸟让他想到殷尧潘和萧悦两人缩成一团的身影。在自然的面前,人是弱小的,但能不能有所改变呢?

这两天,白居易总是想到李渤在江州的水利工程,他想这是可以借鉴的。阿罗看他又在发呆,心里有点郁闷,这两天父亲下了衙后总像掉了魂一样,她拉着白居易的衣襟:"阿耶,阿耶,给我讲个故事吧!"

白居易回过神来,抱起了阿罗。这是白居易和当时很多人不一样的地方,也许是接二连三的子息夭折,让他对阿罗钟爱异常,视如珍宝。

他把阿罗举得高高的,让阿罗看屋檐下的冰凌,阿罗的笑声犹如风铃摇荡,这让白居易的郁闷仿佛撕开了一条缝,阳光微微透了进去。

其实,最近还是有些好消息的,他从朝廷的邸报上

雪后西湖无人舟自横

得知，堂弟白敏中这科登了进士第，这让他很是喜悦。白敏中自幼丧父，学习啥的都是跟着白居易，和白行简几乎就是白居易的两条小尾巴。先是白行简中进士踏上仕途，再是白敏中，白居易有着亦兄亦父的喜悦。微醺间，白居易赋得《喜敏中及第偶示所怀》诗一首："自知群从为儒少，岂料词场中第频。桂折一枝先许我，杨穿三叶尽惊人。（始予进士及第，行简次之，敏中又次之。）转于文墨须留意，贵向烟霄早致身。莫学尔兄年五十，蹉跎始得掌丝纶。"

之后白行简、白敏中的报喜书信先后到来，更是让白居易开心，尤其白行简在信中说了发生在考试之后的一件事，更是带有传奇色彩。

白敏中这一科的主考官是王起，白敏中答题出色，王起想将他取为状元,但却讨厌与他一同应考的贺拔惎,贺拔惎是白敏中的好友。王起便暗中命人传话给白敏中,让他与贺拔惎绝交,白敏中答应了。

这时,贺拔惎来访,白敏中只好叫下人转告贺拔惎说自己外出了,贺氏于是告辞而去。但是,白敏中转念一想,自己贪图功名,抛弃好友,这难道就是君子所为吗?想到这,他既羞且愧,懊悔不已,立即命人将贺拔惎追回,以实情相告,并说:"即使不中第又怎样?怎能为此与朋友绝交。"

听完白敏中一席话,贺拔惎大为感动。于是两人痛饮而醉,同席而睡,和好如初。王起得知后,叹息道:"我本来只想录取白敏中,如今应将贺拔惎一同录取啊。"

这让白居易叹息不已,对白敏中更是有所期冀。日后,白敏中没有辜负白居易的热望,在会昌六年(846),以兵部侍郎之职被任命为同中书门下平章事,成为宰相,改任中书侍郎,兼刑部尚书。后又升任尚书右仆射、门下侍郎,封太原郡公。

2

但眼下,在欣慰之余,白居易的主要精力还是放在如何规划西湖上。当时的西湖和我们今天看到的西湖有些不同,据《水经注》卷四十记:"《钱唐记》曰:防海大塘在县东一里许,郡议曹华信家议立此塘,以防海水。"华信是汉代人,这段记载说明,汉时西湖仍是一个随江海潮流出没的潟湖。到了白居易的时代,现在可以考证出的大抵是在与白堤相连的湖东北地区,当时有一个和西湖相通、规模与之相仿的大湖泊,称为下湖。(而西湖也曾经相对被称为上湖,但下湖应该是沼泽地貌为

白堤旧影

主，风光和上湖不可同日而语。明人记载："汉唐之交，杭州城市未广，东北两隅，皆为斥卤，江水所经。"）

这下湖应该是在现在的松木场一带，这和后面白居易所修筑的白公堤的位置比较相符。（作者按：在查证参考了诸多史料后，推断白居易所修堤坝大致位置约在今天的宝石山东麓向东北延伸至武林门一带，为当时的下湖和上湖汇合处。本文据此写作，是否正确有待史学家进一步考证。）

白居易给李渤写信，请教相关的经验，反复论证。而促使白居易从矛盾中走出来，并付诸实践的是凤林寺的高僧慧真。到杭州的几个月里，名寺大刹白居易已经跑了不少，他笃信佛教，对佛学的造诣颇深。这次他去凤林寺，是希望在寺院的宁静中让思绪澄明。慧真接待了他，白居易问慧真："何为佛？"

绿柳荫白堤

慧真说:"善。"

白居易笑了,说:"这个道理大家都懂啊。"

慧真说:"言易行难,做好了就是大功德。"

这仿佛是专门为了解答白居易的困惑,慧真说的不就是一切重在实践?白居易想起自己遭遇到的现实场景,不由心情沉重,在过年那个假期,原本应该快乐祥和的日子,他步出州衙,举目可见周边乡村过来逃荒要饭的农民,一个个面黄肌瘦。

白居易问慧真:"大师在西湖之畔潜修多年,如果对西湖重新做些规划会如何?"

慧真稽首:"施主是菩萨心啊!"

3

年后,一个风和日丽的下午,白居易和殷尧藩、萧悦、

第四章 绿杨阴里白沙堤

周元范、刘方舆、常师儒等人从孤山上走下，绕过之前的杭州刺史贾全修建的贾公亭，牵马漫步于白沙堤上，春风和煦，桃花绽放，杨柳依依，脚下绿草如茵，又有燕雀在空中飞翔，不觉心旷神怡。

一首让湖山增色的《钱塘湖春行》从白居易口中吟出：

> 孤山寺北贾亭西，水面初平云脚低。
> 几处早莺争暖树，谁家新燕啄春泥。
> 乱花渐欲迷人眼，浅草才能没马蹄。
> 最爱湖东行不足，绿杨阴里白沙堤。

吟在白居易的口中，听在殷尧藩等人的耳朵里，也落到了他们的内心。白居易的诗看似写实，从眼前所看到的景色层层推进，间或有一点个人感情的流露，仿佛一张水墨画，但偏偏让人觉得有深陷于其间的魔力，甚至比真实的场景更加生动。

此刻他们没有意识到的是，他们见证了一段历史的

最爱湖东行不足,绿杨阴里白沙堤

产生。在很多年后,由于杭州地理环境的改变,白居易主持修建的那条白公堤已经湮没,(《新唐书·白居易传》《西湖游览志》对此堤均有记载,此白公堤又名捍湖堤,因夹堤种柳,宋时称柳林。)人们又不能忘记这位刺史,于是索性将错就错把白沙堤称为白堤。清代毛奇龄在《西河诗话》中说:"此堤本名白沙,或有时删去沙字单称白堤,而白字恰恰与乐天姓合,遂误称白公堤。"

不过其实错有错着,西湖的美名正是随着白居易诗歌的传播而开始传播,从某种意义上说,是白居易发现了西湖,在这个湖上,用一条堤纪念他恰如其分。后面我们会说到白居易对西湖的钟爱,正是在他写了大量的诗篇向世人推介西湖后,西湖之美才不胫而走,蜚声海内。明代田汝成在《西湖游览志》中说,西湖的名声"六朝已前,史籍莫考,虽《水经》有明圣之号,天竺有灵运之亭，飞来有慧理之塔，孤山有天嘉之桧，然华艳之迹，题咏之篇，寥落莫睹。逮于中唐，而经理渐著"。

这可见白居易诗歌的流传之广，文字中的西湖和现实的西湖交相辉映。

比如现在，白居易的粉丝们一个个吟诵得如醉如痴。白居易跨上马，说：我们去宝石山上看看。那个时候，宝石山应该是处于上湖和下湖之间，山上还没有保俶塔。早在公元300年时，晋朝的道士葛洪顺长江而下到了杭州，在西湖群山中选定葛岭修炼，因为"游人多经此地而不留"。

站在山巅远眺湖光，白居易下定了决心。

4

他要在下湖和上湖之间建一条堤，一条拦湖大堤，而且这条堤也并不完全是新的，在考察中白居易发现，下湖和上湖之间，原有拦湖堤坝，只是年久失修，堤岸太低，有一些路段已经坍塌，起不到任何作用。白居易一早就开始了筹划和准备，但反对意见也不少，主要集中在几方面，比如工程量的浩大，比如拦湖大堤的效果。州衙内的声音也是嘈杂：筑堤设闸、决放湖水来灌溉农田，会不会就此让西湖美景遭到破坏？会不会本末倒置，益民成为扰民？

殷尧藩和萧悦等人对此有所担心，反倒是常师儒对此比较积极，这和他县令的职务有关，他了解民众的需要，一旦筑堤成功，他所辖县的旱情将会得到实在的缓解。

殷尧藩说出了大家的心声："大人，此举可有十分的把握？"

白居易俯瞰湖面，水波涟漪，他不由意兴飞扬："有七成把握足矣。"

他给下属讲了一个故事，是他自己的亲身经历。年后，干旱的天气依然在持续，冬日几场雪带来的水早已耗尽。白居易坐不住了，他带了一名下人，也没有知会下属，便装出发，到钱塘、仁和、盐官等县去察访。在临近西湖的一个村庄，见到有农民用水桶从湖里挑水跑很远的路去浇灌禾苗，可挑水的速度根本救不了土地的干枯。

白居易问田头锄禾的老农："这样浇水能起作用吗？"老农长叹，看着白居易，说："那怎么办呢？得从老天爷手里抢点粮食出来，要不没法活了啊！"

"一直这样吗？"白居易想知道这鱼米之乡为何会如此荒芜。

"风调雨顺时不一样，前些年湖堤塌了，一直就没注意。这两年旱情来了，官府又不修，再这样下去，连人吃的水也要没有了。"

哀民生之多艰！当白居易把他的所见所闻讲述给同僚后，争议的声音变小了。做，不一定成功；不做，那就是看着灾情下滑到更深处。

白居易在这件事上显示了他的强势，不同于他诗人的身份，他展现出了作为政治家的素质，也向同僚展示了他的决心和魄力，当然并不是一味以势压人，而是把计划和前景一一呈现。这种解释也让人们相信：湖堤筑成后，西湖的蓄水量与放湖水灌农田的实际功能是可以实现的，因为白居易和他找到的水利专家对此做了细密的测算，并曾带着下属们实地勘察。设想中的一些细节同样具有说服力，比如说在拦湖堤坝的南北各设大水门，一旦启用，则提前规定有关供水手续，采用当天申请当天有效的办法。此外，在西湖放水的情况下，把位于东北的临平山脚下的鼎湖之水引进官河……

白居易却隐藏了一种担忧，也是很多乡人的担忧：筑堤，钱从哪里来？连年的战争，尽管杭州远离战乱，但人们受到的影响并不小，家无浮财，只是勉强度日，而这两年又是荒年，向百姓收捐收税，堤还未筑成，穷人身上又会给刮去一层皮。

而且之前杭州官府不愿修堤的一个原因是，杭州城里的富豪人家对于修堤意愿并不强烈，甚至是多方阻拦，说什么修了堤"鱼龙不安，菱芡不长"。这其中有一个重要的因素是豪强占湖为田，而富绅能够驱使手下盗取湖水。

对于这一切，白居易想了种种应对的方案，这条堤，他势在必修。

5

修堤而不能增加百姓的负担，白居易不想增加赋税解决修堤所需的钱粮。他做了两手准备：一方面发动民间的力量，以管饭的形式招募民工；另一方面自己捐出部分俸禄，并到杭州的各个寺庙化缘。

寺庙是中国历史上一个很奇特的存在，兴佛和灭佛在历史上交替轮回，这都有其在时间上合理的原因和解释，这里不展开说，但一些名寺名庙的家底非常殷实却

〔清〕王翚《白堤夜月图卷》

是不争的事实。白居易借助于自己的声望,反过来向他们化缘,那些有德的高僧欣然从命。

公元823年的5月,筑堤工程终于开工。从四乡八镇招募来的民工纷纷来到工地,多数都是抱着一劳永逸解决旱情的目的而来,这让白居易和他的幕僚们颇为欣慰:民心可用!

看看时间差不多了,白居易正欲宣布开工,突然人群一阵喧哗,一群衣着华丽的地主豪绅闯了进来。为首的一个老者拱手说:"刺史且慢,筑堤蓄水,不合天意,请大人三思而行!"

"天意?"白居易问,"有什么不合天意?"

白居易知道,无非是鱼虾不能成活,菱角茭白不能生长之类的借口。

白居易说,什么是天意?天意就是民心。民以食为天,我受朝廷的派遣,替天子牧守杭州,我看见的天意就是筑堤。

第四章 绿杨阴里白沙堤

也许是早就预见了今天的局面，或者是未雨绸缪，防患于未然，在当日的开工仪式上，白居易也邀请了像凤林寺高僧慧真这样的大和尚，江南一带的民众对宗教的信仰非常虔诚，几位高僧对修堤的赞同也让百姓有了底气。而白居易的言辞是犀利的，他并不想给这些地主豪绅们留情面，他们被驳斥得哑口无言，最终一走了之。

湖堤终于动工了。在西湖的历史上，这条堤堪称重大，它蜿蜒在后世西湖的东北向，把上湖和下湖真正分隔开，堤的西面为上湖（也就是今天西湖基本的轮廓），东北面为下湖（现在已成为市区一部分，下湖和今天西溪的关系还有待考证，从地理位置上来说，两者当时相连）。白居易的设想是，把湖水尽量储蓄在上湖，以保证其能够灌溉杭州以东及以北的千顷良田。

我们无从知晓人心，在白居易这次雷厉风行的施政过程中，他的诗歌所带来的赫赫声名是否有助于他筑堤工作的开展。也许他所倡导的新乐府运动中，那些关注民生，把视角转向底层民众的诗篇，让人们能够相信他的许诺，这或许也是湖堤最终得以筑成的缘由之一。个人的力量是微小的，但有时候，个人的魅力会带来他所处的环境和时代的改变。

风吹杨柳，与轰轰烈烈的筑堤现场相比，泛舟湖上的白居易显得颇为闲适，他承担着惠政于民的责任，也享受着西湖四时的美景，这美景让他沉醉："风吹古木晴天雨，月照平沙夏夜霜。"

施工的现场，常师儒等人一直都在轮值。这样的一项大工程，按照白居易的估计，真正完工需要一年左右的时间。旱灾，从筑堤工程的角度去看，却是最好的时机，它缩短了工作的周期。

这是一个绚烂的黄昏，白居易从孤山寺品茗出来，他邀请了诸位幕僚，让他们能够有放松的时间。舟行于白沙堤东，白居易立于船头，仿佛已融入夕光之间。

在他的心中，或有一个人间的仙境，就像他在《西湖晚归回望孤山寺赠诸客》中所写的：

柳湖松岛莲花寺，晚动归桡出道场。
卢橘子低山雨重，栟榈叶战水风凉。
烟波澹荡摇空碧，楼殿参差倚夕阳。
到岸请君回首望，蓬莱宫在海中央。

第五章

山寺月中寻桂子

1

孤山寺、韬光寺、凤林寺、恩德寺……杭州多寺院。而经历过人生种种颠沛的白居易，在五十岁以后，精神上对佛教更加依赖，也许是佛教的一些教义能够让他得到慰藉，而且在当时的社会环境下，许多有德高僧的人文底蕴远超同时代的很多人，从学识上来说，很多是少有的大家。

无论是在长安，还是在别的地方，白居易常游寺院，访僧人，这或许是他在忙碌工作之后的一种平衡。如果我们去看白居易的一生，会发现其复杂性，他既关心民间疾苦，又能洞察社会人心，他有自己的一些伤痛，但是他没有钻牛角尖，没有去幻想一些无法实现的东西，他也不折磨自己，待人宽厚，待己也宽厚。

人不能一直只是工作，他也得学会放松。到杭州后，灵隐天竺是特别吸引白居易的所在，因为有高僧韬光在。最初是萧悦把韬光引荐给白居易的。

那一天正好是休沐日，白居易和萧悦骑马到筑堤现场看了一圈，看看时辰尚早，萧悦问白居易："公是否有兴趣去听韬光传道？"白居易当然有兴趣，一问，原来韬光在灵隐西北巢枸坞结庵传道。

巢枸坞位处西湖胜地，一路进去，山径曲折，树荫婆娑，而路畔翠竹修茂，浓绿杳深。转几道弯后，禅院钟声悠悠传来，再转一弯，韬光庵已至。从庵楼处远眺，可见钱塘江宛如一条白练接于天际，隐约有涛声隆隆，后来的钱塘胜景"韬光观海"便由此而来。

白居易说，好个仙境！

庵中香烟缭绕，蒲团上韬光正襟危坐，正向善男善女诸信徒讲述佛教的经义。白居易阻止了萧悦要去打招呼的念头，悄悄在一角安静坐下，聆听韬光的讲座，而韬光也没有辜负白居易的期待，让白居易听了频频点头。

韬光观海

韬光寺

白居易对萧悦说:"高人!"

白居易对韬光极为推崇,听讲结束之后,在萧悦的安排下,白居易和韬光见了面,两人就此结下深厚的友谊。在白居易任杭州刺史的这段时间,白居易和这位名僧汲水烹茗,达十二次之多。作为白居易的方外之交,韬光是个有趣的人,他不仅精通佛法,文学造诣也很高,和白居易可以说是志趣相投,两人经常吟诗唱和。

后来流传的一个故事非常有趣,说韬光禅师本是四川僧人,在他辞别师父云游四方之际,他的师父告诉他:"遇天可前,逢巢即止。"在白居易到杭州前一年,韬光云游到了杭州灵隐西北的巢枸坞,见此地钟灵毓秀,就建庵修禅。等他见到白居易后,这一晚于庵前送别白居易,看着他衣袖飘飘踏月而下,突然醒悟:"奇哉,果然遇到了天(白居易字乐天),又逢上了巢枸坞,此地即为师父嘱我的栖止之所了。"

此后韬光禅师便安心在此修行。这个故事的真假我们无从知道，但两人倾盖如故，常有往来，互有诗词相赠确是见诸史籍的。

2

此后一天，两人聊得晚了，韬光禅师邀请白居易就在僧房住下，并备好笔墨纸砚请白居易为韬光庵题字。白居易思索片刻，写了"法安"两字，所以后来有人将韬光庵改名为"法安院"，但终因韬光禅师本身名气足够，世人还是称之为韬光庵。

去了韬光庵数次后，白居易觉得老是打扰韬光禅师的清修有点难为情。他和萧悦几个商量了下，在州衙设下素宴，早早派了人去请韬光。白居易讲究的是世俗的礼尚往来，虽显流于表象，但也是他内心真实情感的流露。韬光禅师是雅人，白居易更非俗物，他送去邀韬光禅师赴约的请函上是一首诗，诗云：

白屋炊香饭，荤腥不入家。
滤泉澄葛粉，洗手摘藤花。
青芥除黄叶，红姜带紫芽。
命师相伴食，斋罢一瓯茶。

白居易想，我备了素斋，韬光禅师再不履红尘，这点面子总要给的。哪知道他和萧悦一众人等啊等，好不容易等到送信的回来了，身后却不见韬光禅师的影子。白居易问："禅师呢？"

信使递过一封信，说，禅师让转交的。

白居易打开信，萧悦等人凑了过来，原来也是一首诗：

山僧野性好林泉，每向岩阿倚石眠。
不解栽松陪玉勒，惟能引水种金莲。
白云乍可来青嶂，明月难教下碧天。
城市不能飞锡去，恐妨莺啭翠楼前。

白居易不由苦笑，这个大和尚！他知道韬光禅师诗中的意思，那就是莫逆之交也不能让我沾染尘埃。这在白居易看来，多少有点矫情，但高僧大德有他们的坚守，世俗之人也只能无可奈何。

这种诗文往来的唱和无疑会成为后世的佳话，但也挡不住那片刻白居易的失落，不过他很快调整了自己的情绪，浮云无踪，自己是着相了。

山不就你，你去就山。韬光庵里，一僧一俗，品茗论道，在白居易和韬光禅师下一次的对话中，当时在杭州修行的另一位高僧鸟窠禅师（今浙江杭州富阳人，原名潘道林，法名圆修。生于唐开元二十三年，即735年，晚年移居福清白屿，也就是今天的江阴镇。圆寂于唐大和七年，即833年，享年九十九岁，僧龄达八十多年。《宋高僧传·唐杭州秦望山圆修传》中说："释圆修，姓潘氏，福州闽人也。生而岐嶷，长而俊迈。"）出现了。

韬光禅师说，这才是大德啊，他连大地都不愿踏足。

3

韬光禅师向白居易述说的鸟窠禅师的神迹，让白居易听得如醉如痴。在信徒中有着这样的传说，鸟窠禅师的母亲朱氏，在成亲后的一个晚上，梦见阳光直射到她的口中，醒来后就发现有了身孕，而鸟窠禅师出生的时候，"异香满室，遂名'香光'"。

这些故事的真假我们可以搁置一边，唐朝时，人类还处于想象和神话的年代，但可以推断的是，鸟窠禅师的佛法修为一定极精深。

白居易从韬光禅师那里得知，鸟窠禅师和佛有缘，九岁即立志出家，十四岁到河南嵩山会善寺学习佛经，与他同修佛法的师兄弟称他"仪表容与，日新厥德，研穷经论，俄约观方"。二十一岁时，鸟窠禅师到湖北荆州果愿寺受戒，后又到陕西长安西明寺跟从复礼法师学习《华严经》《起信论》。他的最后一任师父是福建百丈怀海禅师，"根教相符，遂明心要"，他继承了怀海禅师的衣钵。

离开怀海禅师后，鸟窠禅师云游四海，佛法日益精湛，到了杭州后，他就住到了秦望山。秦望山是当时的山名，它的确切位置大致有两种说法：一种是《杭州名胜大观》中说南宋时指将台山；另一种是如钟毓龙在《说杭州》中认为，六和塔西的二龙头是秦望山，其理由是"钱武肃筑罗城，自此山始。故其龙山门在六和塔西"。但我们一般认为秦望山即是将台山。

鸟窠禅师的修行与众不同。他在秦望山上看到一棵松树，枝繁叶茂，盘屈如盖，顿时喜欢上了这天地造化的环境，于是在其上搭了一个小窝棚居住悟道。他的名字鸟窠禅师也由此而来，松树上另外还有一个鹊巢，所以人们又叫他鹊巢和尚。有趣的是，人和鸟相处自然，看起来其乐融融。

"物我都忘，羽族驯狎，由兹不下，近四十秋。"在这样的一隅之地，看云卷云舒，鸟窠禅师偶尔出言，每每都直指人心。在白居易之前，刺史裴常棣态度坚决地请鸟窠禅师下树结庵，给了很多优惠条件，但始终说

〔宋〕梁楷《八高僧故事图》之《白居易拱谒·鸟窠指说》

服不了禅师。白居易到杭州的时候，鸟窠禅师已经用自己的方式修行三十多年了，寿元已逾九十。

白居易听韬光禅师述说这样的奇僧奇事后，并不觉得鸟窠禅师所行之事如何怪异，在他看来，奇人有奇事并不奇怪，那是多么有趣的灵魂啊。

白居易上秦望山去拜见鸟窠禅师，果然见他在峭拔的树枝之上打坐，瘦削的身体如同一只大鸟，而鹊鸟果然在他身边随意漫步。

早有人大声告诉鸟窠禅师，说杭州刺史过来看他了。

白居易拱手为礼。风来，树枝晃动，鸟窠禅师也随风摆动，白居易有些担心，不由说："大师啊，这么高的地方好危险，你老人家年纪这么大了，赶快下来吧，万一掉下来可不得了了。"

鸟窠禅师合掌为礼，说："和尚住的地方哪有施主住的地方危险！"

白居易知道这是鸟窠禅师的机锋，但还是一愣，以弟子礼表示敬意，说："弟子坐镇江南一方，何险之有？"

禅师呵呵一笑："薪火相交，识性不停，得无险乎？"

鸟窠禅师说完沉默下来，他如炬的目光看向白居易，白居易忽有所悟，是啊，在刺史这个位置上，看着风光，但其实却如烈火烹油，上面有人监管着，下面有人想上位，庸庸碌碌不是自己的追求，但做事一旦做不好又容易被人揪住小辫子，确像是在柴火上烤，这便是"薪火相交"。而"识性不停"，则是内心杂念纷纭，像是绷紧了的箭弦，贪嗔痴慢疑，人生诸般苦，官位倾轧，富贵荣华，一刻都不敢放松……

这一刻，白居易犹如遭遇当头棒喝，鸟窠禅师的十二个字，让他如醍醐灌顶，他有心悦诚服的默然，怔怔了片刻，他又问禅师："大师，那佛法大义是什么？"

禅师回答得轻描淡写："诸恶莫作，众善奉行。自净其意，是诸佛教。"

这和白居易所知道的答案是一致的，大而化之，白居易颇有点不满足和失望："这样的经义，三岁的小孩都能够说出来啊。"

鸟窠禅师看了白居易一眼，这一眼犹如闪电："三岁孩童道得，八十老翁行不得。"

白居易在这时豁然开朗，懂得，不做，那其实还是不懂；去做，才是真正懂得，这也是后世王阳明所提倡的知行合一。

这几句话说下来，白居易大为服膺，鸟窠禅师的佛法精深让他信服。

一在树上，一在树下，两人的交流逐渐深入，白居易高声吟了一首诗偈，向鸟窠禅师请法，这也是他内心一直的困惑："特入空门问苦空，敢将禅事叩禅翁。为当梦是浮生事，为复浮生是梦中？"

浮生如梦，恍兮惚兮，回首一生，也如白驹过隙，那么，梦和生命哪一种才能证得人生的智慧？

鸟窠禅师思索片刻，长长的寿眉在风中飘动，他也以诗偈作答："来时无迹去无踪，去与来时事一同。何须更问浮生事？只此浮生是梦中。"

白居易恍然大悟，这是要他守住自己的本心。这时追随鸟窠禅师日久的会通也若有所悟，点头笑而不语。

4

会通追随禅师多年，在此之前一直觉得师父没教他什么禅法。在白居易来前数天，他向禅师告假说："师父，我要到别的高僧大德那里去参学佛法，在您这里我什么都没学到。"鸟窠禅师略有些惊讶，说，论佛法我还是有一点的啊！他把僧衣上面沾的一根鹊鸟的羽毛拿起来吹了一下，羽毛飘逸在阳光中，有时高有时低，会通似有所悟。

因为是鸟窠禅师吹了衣服上的一根羽毛让会通开悟，所以后来人们就叫会通为布毛侍者。

此时，会通听到白居易和鸟窠禅师的对话，如觉清泉潺潺,一下领悟。这就像母鸡孵小鸡,到了瓜熟蒂落之时,母鸡在外啄,小鸡在里啄,一啄,壳一裂开小鸡就出来了。

这种感觉,或许也是白居易此刻的心情,他也有得窥新世界的愉悦。

在杭州的这三年里,白居易所交往的高僧还有若干,他的佛学修为日益精深。禅法讲究的是直指人心,从文学的角度去看,白居易看似直白实则深邃的诗歌艺术和禅法有其相近的一面。

到了晚年,白居易写过这样一首诗,《喜照密闲实四上人见过》:

紫袍朝士白髯翁,与俗乖疏与道通。
官秩三回分洛下,交游一半在僧中。
臭帑世界终须出,香火因缘久愿同。
斋后将何充供养,西轩泉石北窗风。

这几乎是他一生的自画像,紫袍加身、白髯飘飘的名士,实际上更喜欢的是犹如羚羊挂角般的无碍,但一个世俗中打滚的人又怎么能够做到呢?就像白居易在《读禅经》中所写:

须知诸相皆非相,若住无余却有余。
言下忘言一时了,梦中说梦两重虚。
空花岂得兼求果,阳焰如何更觅鱼?
摄动是禅禅是动,不禅不动即如如。

不禅不动即如如。人生大概就是一种求证:从肉体层面到哲学层面,虚实相间,而冰火纠葛。在这次会面之后，白居易和韬光禅师说，鸟窠禅师对他的启发非常大，就像是一把锁，找到了合适的钥匙。于是在韬光禅师的撮合下，白居易尊鸟窠禅师为师，并先后写了两首《赠鸟窠和尚》的诗。

一首是：

> 形羸骨瘦久修行，一纳麻衣称道情。
> 曾结草庵倚碧树，天涯知有鸟窠名。

另一首是：

> 空门有路不知处，头白齿黄犹念经。
> 何年饮著声闻酒，迄至如今醉未醒。

为了表达他对鸟窠禅师的敬仰之心，白居易后来还写过一首题为《鸟》的诗来纪念禅师："谁道群生性命微，一般骨肉一般皮。劝君莫打枝头鸟，子在巢中望母归。"这诗的灵感来自于鸟窠禅师对白居易讲过的一段话，他和鹊鸟相处默契，有一次指着在他身边悠闲踱步的喜鹊对白居易说，它们也都有自己的父母和孩子啊！

5

鸟窠禅师之名，随着白居易的诗更加远播，以至于后来吴承恩写《西游记》时，还为他定制了一个角色，出现在小说的第十九回中，叫乌巢禅师，其行为和鸟窠禅师近似，传授给了唐三藏《多心经》一卷，相当于是唐三藏的领路人，但小说家言就不管谁出生在前谁出生在后了。而白居易自身从鸟窠禅师的言语中得到的启示，或许让他领悟到了自己的安身立命之道，也契合他悲天悯人的情怀，进而修炼成意境高深、修为超俗的大居士。

孤山西泠印社内竹阁　据《咸淳临安志》载："白公竹阁，旧在广化寺，柏堂之后有小阁，多植竹，白公每偃息其间，仍有诗，遂以名。今与寺俱徙。"现存竹阁为清光绪二年（1876）重建

当时的西湖，是在杭州城的边缘，和州衙还有一段距离，为了能够时时得到鸟窠禅师的指导，"朝夕之参益"，白居易在西湖畔建了一个竹阁楼，以方便请教鸟窠禅师。

在白居易离开杭州之后，人们把竹阁楼改造为广化寺，将白居易的画像挂在寺内。

事实上，鸟窠禅师对白居易这个居士徒弟也很是满意，他觉得白居易是个有大智慧大境界，圆融通透的人，和白居易的相处，让他感觉修行上的圆满。在白居易离开杭州，先回东都洛阳，后就任苏州刺史后，鸟窠禅师若有所失，也离开杭州，南归于福建，并在福清江阴岛琼田山旁边垒洞为家，作为隐居之所。

在江阴岛一带，还流传着鸟窠禅师把白居易的诗念给村民听的故事。这是一种教化，在鸟窠禅师看来，白居易的诗能够润物细无声，深入浅出，非大手笔不能为。

公元 833 年（唐文宗大和七年），鸟窠禅师忽有所觉，自己将不久于人世，破碎虚空，得证大道，于是告诉会通说："吾今报尽……""言讫，跏趺而化。"后来，江阴岛的老百姓为了纪念鸟窠禅师，将其曾隐居的岩洞命名为"鸟窠岩"。

当此时，白居易年过花甲，正在河南尹的任上，大概是患有高血压之类的病吧，时常头痛，消息传来时，他卧在床上，目光从窗户里望出去，院墙上正好有喜鹊栖落，一根羽毛在微亮的阳光中徐徐飘荡。

白居易眼角有点湿润，他在记忆里遥望江南，山寺的明月应该依然皎洁，他鼻尖仿佛有一抹桂香缥缈，而围绕着鸟窠禅师的那些鸟儿，那些鸟儿的叫声应已渗入了桂香之中。

第六章

亦占芳名道牡丹

1

清明过后,杭州的天气日渐燥热。离州衙不远,位于城区清平山麓的高士坊巷内的开元寺,成为白居易常常散步去的地方。有时候是和萧悦、周元范、崔求、刘方舆等人中的一位或几位,有时候就自己一个人,去开元寺喝一杯禅茶。

开元寺的惠澄法师也是白居易的方外之交,他告诉白居易,开元寺在开元盛世之年修建,人们多么希望这盛世能够长长久久。惠澄法师对着白居易颇为自豪地介绍"开元十景":尘远堂、禅乐堂、海印堂、涵翠轩、容月轩、揽秀轩、梅月轩、栖云楼、石髓泉和清平山。

当时的杭州寺庙之多为帝国之最,人称"佛地",而历任的杭州刺史都有向佛之心,时有拨款、募捐,或自己出资等礼佛之事,比如李华在《杭州开元寺新塔碑》中说:"广德三年[①]三月,西塔坏。凶荒之后,人愿莫展。太常卿兼杭州刺史张公伯仪,忠简帝心,威静吴越,驻车跪礼,徘徊感叹。乃舍清白之俸,为君为亲,修而复之。"

① 编者按:广德年号共两年,疑误。

说的是唐代宗时的杭州刺史张伯仪用自己的薪俸修塔的事迹。张伯仪在公元765—767年（永泰元年至大历二年）任杭州刺史，在安史之乱后藩镇割据的社会背景下，对杭州贡献很大，但后世却少有人知。《册府元龟》卷第三百五十九记载："上元中，贼帅袁晁乱海浙，光弼俾伯仪与诸军讨之，招绥叛亡，平荡山洞，功为第一……"

惠澄法师指着西塔向白居易介绍，这就是当年张公伯仪所修。这一天他们是坐在东面池塘边的雨檐下，白居易拈须微笑："为官一任，自当造福一方，我倒觉得，张公的功德在于他的保境安民。"

惠澄法师打了个稽首，高诵佛号，说："善哉，善哉！"

此刻，杨柳早已依依，有黄鹂鸣啭其上，又瞬间消失于他们的视线。白居易从怀中拿出一笺，递给惠澄法师，法师打开后，寿眉扬动，连连叫好，原来那是前一阵子白居易探访开元寺后所写的《开元寺东池早春》：

> 池水暖温暾，水清波潋滟。
> 蔟蔟青泥中，新蒲叶如剑。
> 梅房小白裹，柳彩轻黄染。
> 顺气草熏熏，适情鸥泛泛。
> 旧游成梦寐，往事随阳焱。
> 芳物感幽怀，一动平生念。

惠澄法师说，居士有心了。开元寺的声名，自会随着大唐顶尖诗人的诗句向外界传播。法师示意白居易喝茶，然后说："居士可知，这牡丹是开元寺的特色，如今都已结苞待放，再过几日，当会姹紫嫣红，还请居士动笔点赞。"

白居易自是允诺，开元寺中密密集集的牡丹他早已看见，询问惠澄法师，像那些百药仙人、月宫花、小黄娇、雪夫人、粉奴香、蓬莱相公、御衣红等珍品均有，一时间也是颇为向往。往年此时，无论在长安还是洛阳，自会和亲友雅集赏花。白居易表示，牡丹花开正浓时，他准备举办一次诗会，为朝廷选拔人才，由白居易出题面试，胜出者推荐赴长安应进士试。

2

牡丹在唐朝是流行的花种，其种植始于南北朝，据唐代韦绚《刘宾客嘉话录》记载："杨子华有画牡丹处，极分明。子华北齐人，则知牡丹花亦久矣。"这韦绚是白居易好友刘禹锡的弟子，此时正在白帝城刘禹锡那里求学。

到了前朝隋，当时的皇家园林和达官显贵的花园中逐渐栽培引种牡丹，《隋志·素问篇》中说："清明次五日，牡丹华。"而唐《海山记》中记载："隋帝辟地二百里为西苑（今洛阳西苑公园一带），诏天下进花卉，易州进二十箱牡丹，有赫红、飞来红、袁家红、醉颜红、云红、天外红、一拂黄、软条黄、延安黄、先春红、颤风娇……"

这和隋炀帝广泛收集奇花异草有关。也是歪打正着，到了唐代，种植牡丹的盛景可以看看白居易另一个友人柳宗元在《龙城录》的记载："洛人宋单父……能种艺术，凡牡丹变易千种，红白斗色，人亦不能知其术。上皇召至骊山，植花万本，色样各不同。"

可见，当时种植牡丹的花工都各有栽种绝技，"绝技"

第六章 亦占芳名道牡丹

〔宋〕佚名《牡丹图》

少有外传，但社会有需求，"种以求利，一本有直数万者"（《唐国史补》），在这种大势下，牡丹的栽培技术日趋成熟，众多品种繁育，牡丹花瓣化程度提高，花型花色增多。白居易也算是一个赏花客。

唯一让人没有想到的是，在吃斋念佛之余，惠澄法师也是一个种植牡丹花的高手，他从洛阳引入牡丹，让帝都流行的花卉进入了杭州。过了几日，春景方深，萧悦告知白居易，惠澄法师邀请刺史去赏花。萧悦说，他已到开元寺先睹为快，时花初开，花苞累累。为保护牡丹花，避免花瓣被强光照射与风吹雨打，惠澄法师在牡丹花枝上，搭了一个个油布帐篷，使鲜花朵朵绽放得更加炽烈。

白居易听了，颇为意动，下了衙就和萧悦赶到开元寺，牡丹的姹紫嫣红中，时有蝴蝶翩翩，加上花香的浓郁，令人眼花缭乱，又心旷神怡。惠澄法师在一边自是殷勤介绍，白居易一一点评，突然见油布上题着一首诗《题开元寺牡丹》：

此花南地知难种，惭愧僧闲用意栽。
海燕解怜频睥睨，胡蜂未识更徘徊。
虚生芍药徒劳妒，羞杀玫瑰不敢开。
惟有数苞红萼在，含芳只待舍人来。

落款是徐凝，白居易问惠澄法师，题诗的人呢？惠澄法师并不知情，问了接待僧，说是题诗后就出寺了，过几天再来。

3

徐凝是白居易在长安的旧识，白居易记得他是富春江边人，他们认识在元和年间。一个瘦而腼腆的青年，那个时候二十多岁吧。徐凝初入京都，不愿攀附权贵，常遭冷遇，和白居易、元稹两人却甚为相得。白居易比他大了近二十岁，也许是从他身上看到了自己年轻时的影子，常和徐凝饮酒观景，研讨诗文，像一个老大哥，徐凝的心倍感温暖，在《答白公》的诗里他说："高景争来草木头，一生心事酒前休。山公自是仙人侣，携手醉登城上楼。"

由于仕途不畅，徐凝在离开长安南归前，向吏部侍郎韩愈辞别，写了一首辞别诗："一生所遇惟元白，天下无人重布衣。欲别朱门泪先尽，白头游子白身归。"可以看出他对元稹和白居易的感激之情。

看到徐凝的这首诗，那个孤独青年的形象从记忆深处浮现出来，白居易和惠澄法师说："我三天后再来看花，正好举办牡丹诗会，评点杭州的才子。如果此人再来，务必留住他，或让他到州衙来找我。"惠澄法师自是答应，而三日间，开元寺斗诗的消息也传播出去，说是斗诗胜者将由刺史推荐发送入京。

第二天的州衙，倒是来了客人，年龄和徐凝相仿，巧的是，还是徐凝的好朋友，也是白居易的旧识，苏州的张祜张公子。

张祜是从中唐到晚唐怀才不遇者的一个代表，《全唐诗》收了张祜三百多首诗，但新旧《唐书》中都没有出现他的身影。"一壶酒外终无事，万卷书中死便埋。"这两句诗是他对自己的一张素描。

当时，大唐中兴的繁华如梦飘逝，不过这个和张祜其实没有太大的关系，他是有唐一朝没有当过任何品级官员的诗人之一，在其中的名声大概是最响亮的。倒不是张祜不想当官，也不是张祜没有知识分子所拥有的家国情怀，而是时乖命蹇，造化弄人。

这一次他来杭州，便是想得到白居易的推荐，白居易见过张祜，他们的认识不算太愉快，张祜是一个不谙世事的诗人，时有天真之举。据说他是宰相张说的后裔，他作诗亦如贾岛般苦吟，常常要反复吟诵雕琢字句，家人这个时候叫他他都不应，还说："我正要口吐鲜花，哪里顾得上理你们！"

张祜在二十多岁时，写下了成名作《宫词》：

故国三千里，深宫二十年。
一声何满子，双泪落君前。

白居易就是那个时候认识张祜的，而张祜写作这首诗起源于白居易、元稹等人组织的同题诗会。啥同题？就是"何满子"。白居易当时和一起的诗人说，沧州有一位歌者犯罪，临刑前请求哀歌一曲赎死，却被拒绝了，之后，何满子成了悲歌的代名词，我们同题写作吧！

白居易自己是这样写的："世传满子是人名，临就刑时曲始成。一曲四词歌八叠，从头便是断肠声。"

元稹等人也有诗作，但总体来看，张祜这首写得最好。本来这传唱一时的诗，也许可以成为张祜进入帝国顶级文人圈的敲门砖，哪里知道张祜的狷介性情在这时暴露无遗。当这一首诗长安纸贵，别人纷纷恭维的时候，他轻描淡写地说，这只是我信口胡诌的，不值一提！这么说，潇洒是潇洒了，但这让那些写同题诗的大佬情何以堪。

白居易的心胸没有那么狭窄，相反他很欣赏张祜，他认为张祜的一首观猎诗，与王维的《观猎》诗难分优劣。这是一个非常高的评价，王维的诗坛地位仰之弥高，能与其名作比肩这是对此人何等的看重！

王维《观猎》诗如下：

风劲角弓鸣，将军猎渭城。
草枯鹰眼疾，雪尽马蹄轻。
忽过新丰市，还归细柳营。
回看射雕处，千里暮云平。

而张祜的《观徐州李司空猎》诗这样写：

晓出郡城东，分围浅草中。
红旗开向日，白马骤迎风。
背手抽金镞，翻身控角弓。
万人齐指处，一雁落寒空。

白居易的这个点评，在后世还造成了文学史上的乌龙事件，在一些版本中，王维的《观猎》也被算到了张祜头上。

4

现在张祜从苏州过来，两人也是一别多年，白居易自是设宴款待，请了萧悦、殷尧藩等人作陪，商玲珑几个也被叫来活跃气氛。白居易和张祜都是好酒之人，觥筹交错后，不免有些放浪形骸，有趣的是谢好看到张祜时，总是忍不住想笑，尤其当她听到张祜慷慨激昂朗诵朋友崔涯的一首诗："太行岭上三尺雪，崔涯袖中三尺铁。一朝若遇有心人，出门便与妻儿别。"

张祜是击节赞叹,殷尧藩问:"兄台能够飞檐走壁如履平地?"

这个是江湖传说,说张祜会功夫。听到殷尧藩之问,谢好的眼睛都要笑成一条缝了,她可是听人说起过这个故事,但殷尧藩并不知道,把江湖中以讹传讹的故事信以为真:

一个月黑风高的夜晚,大概是喝了点浊酒,张祜刚准备睡觉,有人破门而入,腰悬宝剑,手里的一个包裹滴下斑斑血迹。张祜大惊,闯入者吟出了李白的《侠客行》:"十步杀一人,千里不留行。"然后拱手寒暄:"张祜张大侠,见礼了!"

做诗人不稀奇,反正做了很多年了,被人叫作侠客还是第一次啊,而且是这样一个夜晚,被明显是同道之人称呼。张祜压住内心翻腾着的狂喜,目光落在包裹上,问:"这是什么东西?"

来人说,这是他追索十多年的仇人,终于在今天手刃此獠,痛快!他要和张祜痛饮三杯。

张祜也是个胆子大的,居然就叫仆人上酒。三杯过后,图穷匕见,来人说:"有仇报仇,有恩报恩,大丈夫当如是!我仇已报,恩却未还,恩人离此三里,兄能否借我十万贯钱去报恩。"

张祜看着来人腰中的剑和血淋淋的包裹,月光浮动,他大概觉得血气翻涌,夹杂着参与了一项大事的恐惧和兴奋,于是搜箱倒箧,凑了十万贯钱。那人也不客气,颇有些吃力地背上钱就走,嘴里还说,这人头且留你这,我去去就来。

夜色深沉，枯坐于桌前，鸿飞冥冥不复返，眼见东方欲晓，张祜开始担心包裹里的人头会招来是非，于是在精疲力竭中吩咐家人去后花园埋掉，结果在惊惶中手一抖，掉出一个猪头。

张祜这一夜的经历，在当时的诗坛传为一个笑话，他有高强功夫的说法也只是说说而已，最多也就是照猫画虎，会点皮毛。这样一个人，家世不差，学识也不差，但他就是个天真的人，大约会相信如果把月光编织成一条绳索的话，他就能够攀援到月亮上去。

多年之后，这故事被吴敬梓写到《儒林外史》中了，大概和叶公好龙是一个概念。

5

到了约好的日子，白居易等人早早去了开元寺，张祜一并随行。杭州城里想求功名的读书人云集于此，都想博得刺史大人的青睐。

落座后，白居易扫了一眼，并不见徐凝，有点失望，但看看时间已经差不多，正要说话，一个神色匆匆的身影闯入视野，正是他所惦记的桐庐徐凝。张祜早已迎了过去，两人是非常好的朋友。

白居易微微颔首，他让萧悦他们安排士子们落座，并分发笔墨纸砚，而后朗声道："本刺史欲荐英才参加长安试，为保证无所疏漏，各位当各尽所长，一展胸中丘壑，以牡丹为题，一炷香时间作诗一首。"

这个题目并不特殊，很多学子甚至提前都已猜到，有些人下笔如风，有些人则沉思片刻，大抵在想白居易的喜好。等到试卷收上来，为保证公允，又让惠澄法师糊去姓名，示意群人自去寺中十景游览，白居易等人一一评判。

这些呈上来的诗，有的写得花团锦簇，有的写得质朴明了，但大多了无新意，或老生常谈，或为赋新诗强说愁，最后有两首等待白居易的评判，白居易看来看去，感觉高下难断。两首诗分别如下：

杭州开元寺牡丹

浓艳初开小药栏，人人惆怅出长安。
风流却是钱塘寺，不踏红尘见牡丹。

牡　丹

何人不爱牡丹花，占断城中好物华。
疑是洛川神女作，千娇万态破朝霞。

白居易把这两首诗放在一起，等见了人再作计较。从境界上而言，前一首诗略胜一筹，而从气象胸襟来说，第二首却压过了前一首，而且白居易觉得，这该是他的两位"小"友之作。

等到学子们重新聚集，殷尧藩和萧悦分别吟诵了这两首胜出的诗作，果然，《杭州开元寺牡丹》为张祜所作，《牡丹》为徐凝所作，白居易呵呵大笑，一手拉着一个，说："两位贤才是一时瑜亮，难分轩轾啊！"

对两人的诗作，参加诗会的学子都是心服口服，但白居易却要从两人中选出一人推荐，这在后世被认为是荐徐凝而屈张祜。《唐摭言》卷二《争解元》中这样写：

"白乐天典杭州，江东进士多奔杭取解。时张祜自负诗名，以首冠为己任。既而徐凝后至。会郡中有宴，乐天讽二子矛盾……凝夺之矣。"还有一种说法是元稹恶张祜而喜徐凝，白居易因为私交而取了徐凝。

但当时的比试却并不是就此结束，回到州衙后，白居易又考校两人，他说："你们两位之间的文采犹如廉白（指战国时期的名将廉颇和白起）之斗鼠穴，胜负在于此一战也。"

他让张祜、徐凝两人以诗句互相辩难。

张祜傲岸自负的脾气又发作了，说："我当为解元宜！"

徐凝说："君有何佳句？"

张祜说："我写的《甘露寺》中有诗句：日月光先到，山河势尽来。《金山寺》中我写：树色中流见，钟声两岸闻。如何？"

徐凝说："兄之诗句美则美矣，但怎么比得上我的《庐山瀑布》的句子啊！"

张祜说："吟来听听。"

徐凝说："那你听好了：千古长如白练飞，一条界破青山色。"（此诗共四句，前两句为：虚空落泉千仞直，雷奔入江不暂息。）

张祜愕然不能对，在座诸人也为之倾倒。白居易于是判徐凝为胜，但张祜和徐凝也并没有为此翻脸，两人倒是一生的朋友。

说白居易徇私的原因可能和元稹有关，后来令狐楚向唐穆宗推荐张祜，元稹上奏穆宗说，写诗只是小道。对元稹的这一行为，同情张祜的一般认为是出于他睚眦必报的性格。元稹爱财好色，这样的人，要说一定有多执拗则未必，生活中我们或许会有这样的感受。除了是诗人，元稹还是一个政治人物，他的一举一动当然有自己的考量，他和令狐楚不在同一个阵营里，把令狐楚赏识的人剔除出去显然也是日常政治的一部分。

但这个观点在后来杜牧成为张祜的吹鼓手后更为流行，唐末皮日休在《论白居易荐徐凝屈张祜》中说："祜元和中作宫体诗，词曲艳发，当时轻薄之流重其才，合噪得誉。及老大，稍窥建安风格，诵乐府录，知作者本意，讲讽怨谲，时与六义相左右，此为才之最也……祜在元、白时，其誉不甚持重。杜牧之刺池州，祜且老矣，诗益高，名益重。"

6

从时间的长度上去看，徐凝这位杭州桐庐诗人所受到的委屈比张祜更甚。徐凝的那首《庐山瀑布》好不好？许多人觉得和李白的庐山瀑布诗各有千秋，也为人所称道，但后来苏轼的讥评使徐凝的《庐山瀑布》一落千丈。《东坡志林·记游庐山》记载：当年苏轼游览庐山，一边走一边读《庐山记》，读到李白的《望庐山瀑布》，他欣欣然；读到徐凝的《庐山瀑布》，便皱起了眉头。在庐山开元寺苏轼挥毫写下："帝遣银河一派垂，古来惟有谪仙词。飞流溅沫知多少，不与徐凝洗恶诗。"

大师评定其为恶诗，这多少带有个人的喜好和偏见，而徐凝此诗渐不闻于文坛。好在文人相轻也相重，南宋洪迈在《容斋随笔》中对徐凝这首诗尤多称誉，说它"皆有情致"，而清代蒋士铨在《开元瀑布》中说："太白已往老坡死，我辈且乏徐凝才。"

回到823年来，白居易对开元寺的惠澄法师食言了，他没有写关于开元寺牡丹的诗，也许是他认为，两位诗友已写尽了杭州牡丹花的风姿，他就不用再写了。徐凝在杭州拜别白居易后，到了帝都长安，从京城寄给白居易一首题为《寄白司马》的诗："三条九陌花时节，万户千车看牡丹。争遣江州白司马，五年风景忆长安。"

江州司马是白居易落魄时的官职，徐凝这样写，表达着他对白居易的怀念之情：我不是当你是一个高官才拍你马屁，我记得你为司马时对我的关照。

唐末张为撰写的《诗人主客图》里，张祜、羊士谔、元稹被并列为白居易的入室弟子，张祜之名犹在元稹之前。这当然只是一家之言，但可推测其间关系的远近，而张为距离真实事件发生的年代极近，他的评述当然可以作为一种参考。

张祜的一些诗，和白居易、元稹所倡导的新乐府诗气息相通，我们可以随便摘几句："长闻为政古诸侯，使佩刀人尽佩牛。谁谓今来正耕垦，却销农器作戈矛。""公租与私税，焉得俱无伤？今年已憔悴，斗米百钱偿。富豪索高价，闭廪几绝粮……"

这或许也是新乐府的另一个倡导者——白居易的好友李绅厚遇张祜的根源，当时李绅任淮南节度使，张祜求见。李绅当然记得这个人，一曲《宫词》名噪一时，李绅大为欢喜。

李绅也是一个在时间中"被"面目可疑的人，我专门为他写过一文，这里略去，总之他当时是相当于今日正部级的实权人物，有资格飞扬跋扈的。

但张祜的呆气又发作了，在谒见中，张祜自称"钓鳌客"。李绅笑问："你钓鳌用什么做鱼竿？"张祜说："用彩虹。"李绅又问："用什么做鱼钩？"回答说："用弯曲的新月。"再问："用什么做鱼饵？"回答说："用短李相公做鱼饵。"

李绅是个矮子，熟悉的朋友打趣他叫"短李"，而张祜这样的回答既傲慢又无礼，也不知道天高地厚：李绅不仅仅是个诗人，也是握有军权的地方大员。

好在李绅气度够大，没有被张祜激怒，他赠与张祜许多银两后客客气气送走了他。

文人不总是相轻，也会惺惺相惜，撇开白居易判定张祜、徐凝牡丹诗的是非恩怨，李绅对待张祜完全是青睐有加。又过了二十年，小张祜很多年的好友杜牧替他出头了，杜牧写诗说："谁人得似张公子，千首诗轻万户侯。"《唐七律隽》中说，杜牧赠诗给张祜，用"睫在眼前犹不见"讥讽元稹和白居易，其实也可能不是，或许只是嘲笑一下世人罢了。

白居易没为开元寺的牡丹写过诗，但他有写牡丹的诗，其中之一是："白花冷澹无人爱，亦占芳名道牡丹。应似东宫白赞善，被人还唤作朝官。"

白居易以众人抛弃的白牡丹自喻，"众嫌我独赏，移植在中庭"。他晚年在洛阳履道里所植白牡丹琼玉满园，甚至在嘱咐后事时，要家人在他墓前遍植白牡丹。

开元寺因为白居易的声名，有了大唐版的诗坛阴谋论，一段流传千古的公案。这对牵涉其间的三人而言，不得不说是一种遗憾，倒是《诗学渊源》中有一句公道之语："张祜……与徐凝齐名，为元、白所重。"

第七章

与君名作紫阳花

1

"昔我十年前，与君始相识。"

白居易这首诗是写给元稹的，这个"十年前"，应该是公元802年（贞元十八年），当时他回到帝都长安，与元稹结识。从那一年相识开始，元稹成为白居易生命中最重要的人之一，或者说不可或缺的人之一。

元稹和白居易在之后的岁月里并称"元白"，成为中唐时期的一时瑜亮。他们的结缘，则源于唐代的官员选拔制度。

在唐时，省试及第后是不是就能授官了？答案是否定的。钱穆在《中国历代政治得失》中论及唐代考试制度时说："考试及格，即为进士及第。进士及第便有做官资格了。至于实际分发任用，则须经过吏部之再考试，所考重于其人之仪表及口试，乃及行政公文等。大抵礼部考的是才学，吏部考的是干练。又因吏部试有进士、明经诸科，故此制又称科举制。"

公元802年的冬天，白居易回到长安，参加冬试，冬试为吏部侍郎郑珣瑜主持下的书判拔萃科。书判拔萃科考的是高度的行政判断能力，其中一道考题要求对下述问题提出见解："太学博士教胄子毁方瓦合，司业以非训导之本，不许。"

"毁方而瓦合"是《礼记·儒行》所记载的孔子的话，有和光同尘的意思。白居易从儒教的立场出发作了明确的判断，因此取得了优异的成绩，次年春发榜时一举高中。在这些考试中，儒家经典，尤其是《礼记》等都担当了重要的角色，这也都契合白居易"修外以及内，静养和与真。养内不遗外，动率义与仁"（《续座右铭》）的精神宗旨。

公元803年，也就是唐德宗贞元十九年，三十二岁的白居易与元稹、李复礼等八人同登吏部诸科，授秘书省校书郎。

唐朝要进入官场，在成为进士后，还必须通过吏部的公务员选拔考试，如果铨选通不过，科举考试成绩再好也难以进入官场，另一位大诗人韩愈就是连续参加十年铨选才得以为官。

也就是说，从这一刻开始，白居易终于修成了官身，在顾况说长安居易整整十五年后，白居易将在长安开始自己新的生活。

这一年登第者八人，除白居易以书判拔萃科登第外，元稹、李复礼、吕颖、哥舒恒、崔玄亮同以书判拔萃科登第，吕炅、王起以博学宏辞科登第。

这八人的姓名，后来时常出现于白居易的笔端，常常出没于《白居易集》,或唱和,或记录。生命与生命之间相互叠印,相互以涟漪追逐着涟漪,从后世的角度去看,他们共同编织了一个大时代,并成为这个时代的见证。

元稹和白居易气息最是相通,他是北魏宗室鲜卑族拓跋部后裔,但却是个感情细腻之人,元稹对于传奇小说有着不一般的热爱,这和白居易的弟弟白行简趣味相投。后人不知道白居易是否撰写过笔记小说,但白居易的诗篇中显然有传奇小说的影子。虽然元稹要小白居易七岁,但无论是文学的造诣还是对生活的品味,尤其是政治上的主张,两人大有相见恨晚之感。

某一日酒后,在翻涌而起的酒意里,两人义结金兰。

白元唱和

在这孤单单的人世里，彼此便多了一个兄弟。白居易如是记录他们之间的情感：

> 一为同心友，三及芳岁阑。
> 花下鞍马游，雪中杯酒欢。
> 衡门相逢迎，不具带与冠。
> 春风日高睡，秋月夜深看。
> 不为同登科，不为同署官。
> 所合在方寸，心源无异端。

2

接到元稹的书信后，白居易陷入期待和欣悦当中。信中元稹告诉他，他将履越州刺史、浙东观察使之职，已从长安动身赴任，按照计划中的路线，会先到杭州和白居易一晤。白居易乐得摇头晃脑，阿罗非常奇怪，阿耶这是怎么了？

白居易当即写下了《元微之除浙东观察使喜得杭越邻州先赠长句》："稽山镜水欢游地，犀带金章荣贵身。官职比君虽校小，封疆与我且为邻。郡楼对玩千峰月，江界平分两岸春。杭越风光诗酒主，相看更合是何人。"

这里面半是调侃半是欢喜，为官能够与好友在相近的地方实是一种慰藉。

想当年，白居易和元稹都被授予秘书省校书郎的官职，校书郎官秩为正九品，品阶不高，但属于文采之选，张九龄、刘禹锡等中进士后均初授此职，其仕途前景光明。校书郎的平常事务是勘正文章，校对典籍，整理图书，属于人们日常说的清贵之位。

长安居，大不易，两人尽管当上了官，但俸禄微薄。白居易把家人接到长安后才体会到，顾况当年的调侃也是由衷之言。为了安顿家人，白居易去了趟陕西渭南，在渭南农村买了一所房子。他自己平时还是租房住，每逢休假就骑马去渭南跟家人团聚，假期结束再赶回去上班。

元稹人头熟，就给两人找了处远离闹市的华阳观。那里林木蓊郁，环境幽静，无车马喧哗，是修身养性读书用功的好地方。白居易在诗中这样写华阳观："华阳观里仙桃发，把酒看花心自知。争忍开时不同醉，明朝后日即空枝。"

关于元稹和崔莺莺的情事，朋友们大多知道，出于种种观念，他们大抵持反对意见。多年后，元稹和崔莺莺的旧事被敷衍成了《会真记》，之后被演绎为《西厢记》，痴情娇娃薄情郎的故事人们耳熟能详，但当年，元稹的选择经过深思熟虑。

元稹择婚高门，婚礼豪奢异常，白居易作为兄长亲历了元稹的婚礼，在那个风光无限的大喜日子里，元稹似乎压根儿就忘记了昔日与崔莺莺的你恩我爱。白居易从元稹的婚宴归家后，提笔写下："寄言痴小人家女，慎勿将身轻许人。"

但元稹的选择或许动摇了白居易的爱情观，尤其是元稹婚后和韦丛如胶似漆，十分恩爱。这里插几句闲笔：韦丛没几年后在元和四年（809）过世，元稹伤心欲绝，一口气写下了三首悼亡诗。第一首追忆两人初婚后的感情生活，并颂扬亡妻的高尚品格；第二首触物思人，抒写对亡妻的深切怀念；第三首诗，则是在悼念亡妻后的冷静思考，即"同穴窅冥何所望，他生缘会更难期"。

后世著名的那句"贫贱夫妻百事哀"即出自这三首诗。

白居易能够深深地感受到元稹的这种分裂，谈不上勉强，却也不是随心所欲。这是生活的本质。诗人敏感，悲花伤月，但终究是在现实中生活的动物。

白居易、元稹、刘禹锡、李绅……物以类聚，人以群分，他们是当时诗坛的翘楚，也是经常在一起交流的朋友，有着相近的诗学追求，新乐府正是在这种氛围中成为一种潮流，在某种层面上，对重建安史之乱后的帝国秩序起到了一定的推进作用，尽管文学能起到的作用微乎其微。

白居易和元稹的感情好到什么程度？可以从白居易的弟弟白行简的记录中看出：元和四年，监察御史元稹奉命去蜀地梓潼办案，在他出门后，白氏两兄弟和好友李杓直等人去长安城外游曲江，然后一起喝酒，行酒令。酒过三巡，满座俱欢之时，白居易突然放下酒杯说：元稹这个时候应该到梁州了吧。他写了《同李十一醉忆元九》寄元稹，诗中的意思是：百花盛开，我们几个人一起畅饮，好排遣春愁的郁闷，醉意朦胧间把花枝折下来，当作行令的酒筹。但酒酣之时突然想起你到远方去了，估算了一下，你今天应该到梁州了。（花时同醉破春愁，醉折花枝作酒筹。忽忆故人天际去，计程今日到梁州。）

这个情感表达得足够缠绵。在白行简的记录里还有下文：十多天后，有梁州来人带给白居易一封信，是元稹写的，信函后面还附有一首《纪梦诗》："梦君兄弟曲江头，也向慈恩院里游。驿吏唤人排马去，忽惊身在古梁州。"

心有灵犀？更多的应该是相互间那种一日不见如隔

三秋的友情。

这样的朋友要来了，白居易怎能不欣喜若狂呢？连阿罗都能感受到父亲的这种喜悦。至于元稹从宰相的位置上出任浙东观察使，是实际上的贬官，但宦海浮沉，起起落落也是寻常事了。

白居易算了一下行程，元稹赶到杭州的时间大约是在九月，杭州那个时候当是桂花香气盈鼻。白居易给素有诗简来往的吴兴守钱徽、吴郡守李穰等人发了邀请通知，大抵是要举办一场西湖诗会，文人间在江南的雅集。

中唐文坛的盛事"三州唱和"就要来了。

3

秋高气爽，略有轻风，人有天高地远之念。

白居易、萧悦，以及先行到来的吴兴守钱徽、吴郡守李穰等人在望江门外候着元稹一行，让白居易惊喜的是，随元稹而来的，还有另外一个好朋友崔玄亮，白居易从朝廷的邸报上知道他将出守湖州为湖州刺史，但以为还会晚一些时间来。崔玄亮，在白居易的诗中常常被称为崔十八，事迹见白居易《唐故虢州刺史赠礼部尚书崔公墓志铭》、《旧唐书》卷一六五、《新唐书》卷一六四、《唐诗纪事》卷三九。

一时间惊喜交集。白居易让人在西湖上准备了个大大的画舫，并请了杭州著名的歌姬商玲珑献艺，商玲珑色艺双绝，以弹得一手好箜篌闻名。白居易和元稹是感性之人，将商玲珑引为知己，之后元稹还邀请商玲珑前往越州，而元白两人共同狎妓的八卦也从这里产生并发酵，最后成为政敌攻讦他们私德的话题。

湖光山色，好友环席，坐而论道，陶陶然，醺醺然。酒过三巡后，崔玄亮说："我们行酒令吧？"

唐朝的行酒令非常复杂，比如要设三个管理人员："明府""律录事"和"觥录事"。"明府"通常是酒席上最有威望的人，他负责监督整个酒令活动，指挥"律录事"和"觥录事"干活，在这日西湖的画舫上，也就是白居易坐这个位置。"觥录事"又叫"主罚录事"，是听席纠命令，负责跑腿上去罚酒灌酒，今天这个就由萧悦担任了。最有意思的"律录事"，也叫"席纠"或"酒纠"，负责宣令、行酒、判断是非对错，也就是管动嘴的，这个按照习俗由名妓商玲珑充当。

角色分配完毕，但元稹却有点意兴阑珊，他说："又是作诗填字吗？"名士风流，但每一个酒局都是相同的节目，难免厌倦。

〔明〕程嘉燧《西湖画舫图》

崔玄亮说:"今天行新令,我们猜字谜,猜出的喝酒,猜不出的不许喝酒。"

众人点头同意。崔玄亮出了题目:"恶狗咬倒吕洞宾。"

其他人还在纳闷,白居易已笑而不语,元稹张口说:"哭。"

众人一想,恍然大悟。元稹很是自得,喝了一杯酒之后,他指指商玲珑,出了一个字谜:"千字在上边,八字分两边,一个风流女,却被鬼来缠。"

白居易依然笑而不语,崔玄亮出生于山东世家,突然间想到:"魏?"

……

这样的欢娱持续了三天,因为各自都有政事要忙,第三日便拱手作别,但众人约好,相互间以诗为信,时时交流。元稹写了一首《重赠》给白居易:"休遣玲珑唱我诗,我诗多是别君词。明朝又向江头别,月落潮平是去时。"

是啊,人生总是不断地告别和重聚。

按照《唐语林》的记载,在此之前,白居易与吴兴守钱徽、吴郡守李穰常常以诗互赠,那么现在又增加了元稹和崔玄亮,之后还会加上苏州刺史李复言。李复言在《苏州元日郡斋感怀寄越州元相公杭州白舍人》诗中有"旧交邂逅封疆近,老牧萧条宴赏稀。书札每来同笑语,篇章时到借光辉"之句,可想见相互间酬唱书信之频繁。

而名传天下的《三州唱和集》由此成形：元稹、白居易、崔玄亮三个在浙江的好友，频相唱和，他们以竹筒贮诗邮递，称为诗筒，遂成佳话。白居易在《醉封诗筒寄微之》中说："展眉只仰三杯后，代面唯凭五字中。为向两州邮吏道，莫辞来去递诗筒。"

遗憾的是，往来诗作虽然结为《三州唱和集》，《新唐书·艺文志四》有著录，但此集未经刊刻，至明代已佚，尤其是崔玄亮的文字几乎全部散失。我们只能想象，在中唐时代，有这么三个人，相互间以诗作为他们灵魂的交流，这远比"一骑红尘妃子笑"更像是我们心目中的唐朝。

4

元稹的府衙在越州，也就是今天的绍兴，用我们现在的交通工具去衡量，与杭州不过是短短几十分钟的车程，但当年却不一样，而且属于两个地域，因为浙东、浙西最明显的分界线就是钱塘江，一条钱塘江，让杭州在地理位置上属于浙西，而越州是浙东的中心。

元稹到了越州后，写了一首《以州宅夸于乐天》，这首诗同样有朋友间的戏谑和调侃，大概是说老天真的眷顾我，被贬官了依然是到浙东这样美丽的地方："州城回绕拂云堆，镜水稽山满眼来。四面常时对屏障，一家终日在楼台。星河似向檐前落，鼓角惊从地底回。我是玉皇香案吏，谪居犹得住蓬莱。"

白居易读完元稹的诗，回了一首："贺上人回得报书，大夸州宅似仙居。厌看冯翊风沙久，喜见兰亭烟景初。日出旌旗生气色，月明楼阁在空虚。知君暗数江南郡，除却余杭尽不如。"

白居易的诗回得也很巧妙，还讽刺了元稹一番，说你是贬官到西北后大漠风沙看得太久了，到绍兴后兰亭楼台、小桥流水就以为到了天堂，实际上你就是嫉妒我，知道江南哪一个城市都比不上杭州！

好朋友就是拿来调侃的，元稹又写了一首《重夸州宅旦暮景色兼酬前篇末句》："仙都难画亦难书，暂合登临不合居。绕郭烟岚新雨后，满山楼阁上灯初。人声晓动千门辟，湖色宵寒万象虚。为问西州罗刹岸，涛头冲突近何如？"

元稹吸取了上一首诗的教训，先说自己的苦闷，意思是越州虽然是人间仙境，可惜我都不想多待，更别说你在浙西这个罗刹国里。

读着元稹的诗，白居易反而有些担心了，他回诗："君问西州城下事，醉中叠纸为君书。嵌空石面标罗刹，压捺潮头敌子胥。神鬼曾鞭犹不动，波涛虽打欲何如？谁知太守心相似，抵滞坚顽两有余。"

白居易这首诗里，有着饱经沧桑之后不改初心的坚决，仕途的困境我并不在乎，我们的想法是一致的。为了安慰元稹，他又写了一首诗说，江南的风景，除了杭州，最好的就是绍兴了，两个地方各有千秋："可怜风景浙东西，先数余杭次会稽。禹庙未胜天竺寺，钱湖不羡若耶溪。摆尘野鹤春毛暖，拍水沙鸥湿翅低。更对雪楼君爱否？红栏碧瓦点银泥。"

朋友间的友情，或许就深藏在这种日常生活的细节里，对于白居易，还有元稹，诗是他们抵抗岁月无力感时的武器，即使他们已着绯袍，身居显赫的高位，但世上不尽如人意事常八九，在相互间的这种调笑和挖苦之后，他们会重新找到自己的乐趣。

遗憾的是崔玄亮的那部分唱和已经散失不见，否则我们更能得窥唐朝时候浙江三地的风貌。当然在白居易的诗里我们可以看到他们之间的友谊，比如他写给崔玄亮的诗："三郡何因此结缘，贞元科第忝同年。故情欢喜开书后，旧事思量在眼前。越国封疆吞碧海，杭城楼阁入青烟。吴兴卑小君应屈，为是蓬莱最后仙。"

同样也是好友间才能开的玩笑，因为他们三人在贞元初年一起登科，崔玄亮名列最后，当时崔自咏云："人间不会云间事，应笑蓬莱最后仙。"所以白居易在诗中就善意地笑话了一下，但如果关系一般的话，这样的玩笑容易得罪人。

这种诗人间的唱和也成为汉语诗歌的一个传统。

第八章 白云本无心

1

秋日的午后阳光依然有些炙热，殷尧藩、萧悦、周元范、崔求等人在后，白居易和韬光禅师在前，一路从下天竺寺（法镜寺）往飞来峰而走。白居易兴致颇高，在后面的下属凑趣让他作一首诗，白居易说，这一路珠玉在前，不敢提笔了。

他给大家吟诵了李白的《与从侄杭州刺史良游天竺寺》，那是当年诗仙到杭州来探访任杭州刺史的侄儿李良时所写：

挂席凌蓬丘，观涛憩樟楼。
三山动逸兴，五马同遨游。
天竺森在眼，松风飒惊秋。
览云测变化，弄水穷清幽。
叠嶂隔遥海，当轩写归流。
诗成傲云月，佳趣满吴洲。

李白的诗瑰丽雄奇，有着令人赞叹的想象力和梦幻般的豪气，即使在这样一首在后世并不出名的小诗中也可领略到其风采和魅力。从时间上来说，著名的《梦游天姥吟留别》就是同一时期的作品。

白居易一行从下天竺寺出来，是去飞来峰下的冷泉畔品茗。

按《咸淳临安志》记载，法镜寺在隋开皇十三年（593）由真观法师与道安禅师所建，唐永泰年间赐下名字。《淳祐临安志》云："大凡灵竺之胜，周回数十里，而岩壑尤美，实聚于下天竺灵山寺。自飞来峰转至寺后，岩洞皆嵌空玲珑，莹滑清润，如虬龙瑞凤，如层华吐萼，如皱縠叠浪，穿幽透深，不可名貌。林木皆自岩骨拔起，不土而生。传言兹岩产玉，故腴润能育焉。"

也就是说，这一路的风景造化多端，是江南景色的精粹所在，钟灵毓秀大概指的就是眼前之景。树叶稀疏，阳光斑驳，偶有蝴蝶飞过，林中的鸟鸣把山色带入更深之处。众人一路说说笑笑，便上了飞来峰。此峰颇有佛意，突兀而至，不知是从何处而来。按佛家的称呼，飞来峰又名灵鹫峰。飞来峰其实不高，168米而已，山体由石灰岩构成，由于长期受地下水溶蚀作用，飞来峰形成了许多奇幻多变的洞壑，当年有名的如龙泓洞、玉乳洞、射旭洞、呼猿洞等，洞洞有来历，极富传奇色彩。

一路行来，岩石如蛟龙，如奔象，如卧虎，如惊猿，而山上老树古藤，盘根错节。韬光禅师介绍说，飞来峰有七十二洞（后世在自然风化和开凿的过程中，许多洞穴已消失），诸般天地无相，一洞一世界。

白居易等人听着，每个人悟性不同，感受也不一样。

2

出飞来峰的岩洞后,洞口即是冷泉。绿荫掩映,即使是在旱季,泉眼并不干涸,但泉水淅淅沥沥,与雨水大时的酣畅淋漓不可同日而语,但依然喷涌不息,细语潺潺。众人转弯之际,已觉凉意,这倒也不是唐人才能感受到的景致和冷泉的特色,在后世,宋人潘阆《忆余杭》说:"长忆西山,灵隐寺前三竺后,冷泉亭上旧曾游,三伏似清秋。"明代沈石田写诗说:"湖上风光说灵隐,风光独在冷泉间。"清代江亢文又这样写:"莫道炎威可炙手,云林尚有冷泉亭。"

这冷泉亭在水涧之侧,依山势而建。早有小沙弥在亭中放下蒲团,视野中闪入韬光禅师诸人时,他们已开始生火煮茶。唐人的茶和我们现在的颇有不同,韬光禅师请白居易等人的,基本遵循于释皎然、卢仝等开创发展出来的修行类茶道,也就是后世称之为禅茶的。

从冷泉亭中眺望,"虚白""候仙""观风""见山"四亭依水涧蜿蜒而建,和山色融为一体,间或有燕雀在亭顶瓦片上跳跃,仿佛这风景都是它们的。

韬光禅师说,这五亭都是本朝刺史所建,大有来历。

他一一道来:像虚白亭,是后来官至河南少尹的相里造所建。相里造在代宗永泰元年(765)为户部郎中,当时巨宦鱼朝恩当政,相里造风骨凛然,毫无趋炎附势之色,博得时人的赞许,后由礼部郎中出为杭州刺史,在杭州刺史的任上,兢兢业业,颇得杭州百姓的爱戴。

候仙亭为贞元年间的杭州刺史韩皋所建,可惜韩皋已于去岁(822年)凋零,赠太子太保。韬光禅师说到这里,

第八章　白云本无心

冷泉亭碧水幽幽

飞来峰山石苍苍

白居易和众人讲了韩皋的一段逸事。在韩皋任御史中丞时，白居易刚刚进入官场，和元稹同授为秘书省校书郎，那个时候，韩皋是他们的前辈，也站在他们需要仰望的高处。韩皋每次朝见皇帝都是在紫宸殿，当着百官把自己的工作上奏皇上。皇上对韩皋说：我和你说话，在这说不完，可以到延英殿去说。但韩皋从来不去，有人问他，韩公说，御史这个官职应该本着公平正直的态度去处理事情，我不能希望得到皇上的恩宠，从中让自己得到好处。

白居易抬须喟叹，韩仆射是个德行高尚的人啊，这世上的人几个可以有这样的风范！座中殷尧藩颇通佛经的教义，他说，这也许是韩仆射怕尘埃微落。他的意思是，一个人要守住本心很难，受到诱惑时容易被外邪入侵，索性就隔绝了这种诱惑。

白居易莞尔一笑，这已经是不得了了！他示意韬光禅师继续介绍。

韬光禅师指着观风亭，说："观风亭由裴棠棣所建，他后来做到了大理卿，严明公正，他的儿子裴损后来娶了宪宗之女陈留公主，算是一段佳话。"

韬光禅师指着最远的那座亭子说："见山亭由卢元辅所造。这个卢元辅实在值得一说，他是卢杞之子，现在是兵部侍郎，和他父亲卢杞大有不同，为人端方严正，我们也不会用他父亲的行为去评判他。"

见山是山，见山不是山，见山又是山，人的本心如何就似我们所看到的景色。

"卢元辅有佛性。"韬光禅师说完，指指天，指指地，说，现在我们所在的这个亭，是右司郎中元藇所建。

说到元稹，白居易比较熟悉，元稹在军政民事上颇有建树，和柳宗元、刘禹锡是好友，常有往来。而刘禹锡和白居易的交情堪比元稹，后世把他们两人并称为"刘白"，刘禹锡和白居易两人写有大量的酬唱诗，后来编有《刘白唱和集》三卷，白居易颇为自豪，以"四海齐名白与刘"自夸。从诗艺而言，刘禹锡的诗更多地吸取了民歌精华而臻圆熟。

这个时候，刘禹锡已经从夔州刺史转和州刺史，不知道近况如何。长安故友各自忙碌于公务，白居易内心颇有感慨。

3

诸人在冷泉亭中团团坐下，接着刚才韬光禅师的话题，臧否历任杭州刺史的得失，一个基本的标准是现成的，就是能不能为当地的老百姓做实事。

这样谈谈说说，周元范忽说："白公何不效仿先贤，

冷泉亭

也在此溪水之上建亭一座？"

白居易心有所动，对韬光禅师说："灵隐一带，风光绝佳，山门幽静，筑亭留影，也是人生的一大快事啊！"

韬光禅师闻弦歌而知雅意，白居易的想法实际上也是想建造一座亭而留于后世，但他并不赞同，何况在开凿建造中的湖堤带来的功德，已远远大于这一座亭。

韬光禅师眉毛抖动，却没有直接规劝，而是虚指了指天空，说："刺史复刺史，刺史何其多！"

这个也是实话，按照唐律，封疆大吏三年一换，终唐一朝，共有九十三任杭州刺史，但留下美名的只手可数，何况如果每一任刺史都建一座亭，那么溪水之上，亭台将熙熙攘攘拥挤不堪。

白居易听了韬光禅师的话，想想倒也在理，如果这亭太多，就不是盛事，而是风景的败笔了，但终究有些败兴，一下就沉默下来。

一时间气氛有些尴尬，还是萧悦机灵，和韬光禅师说："大师，何不趁此良机，请乐天公挥毫泼墨？"

这也是文人雅士聚会的应有之义，韬光禅师示意小沙弥笔墨伺候，白居易酝酿片刻，写下了"冷泉"两字，这两字并不圆融，甚至有些萧瑟，又让人有说不出的喜欢。白居易此刻不知道的是，在两百多年后，另一位牧守杭州的诗人官员，对白居易的诗推崇备至的苏东坡来到杭州，看到白居易题写的"冷泉"二字后，提笔加上了一个"亭"字，完成了一段跨越时空的合作。据说苏东坡守杭时，常携诗友僚属来此游赏，并曾在冷泉亭上"画扇判案"。

韬光禅师转动着念珠呵呵而笑。白居易腹诽，好个狡猾的大和尚，不过也是心有戚戚。这大和尚留下白居易的墨宝倒也不自私，让人雕刻后挂在了冷泉亭上。

这一晚白居易回到州衙后，对于五亭之玲珑和清丽终究难忘，便披衣在月下徜徉。心中有执念，当宣泄出来，于是点上蜡烛，在烛光恍惚间，他忽然不再执着于在山中和溪水上造亭，他要在纸上造亭，在人的精神世界中造亭：

> 东南山水，余杭郡为最。就郡言，灵隐寺为尤。由寺观，冷泉亭为甲。亭在山下，水中央，寺西南隅。高不倍寻，广不累丈；而撮奇得要，地搜胜概，物无遁形。春之日，吾爱其草薰薰，木欣欣，可以导和纳粹，畅人血气。夏之夜，吾爱其泉渟渟，风泠泠，可以蠲烦析酲，起人心情。山树为盖，岩石为屏，云从栋生，水与阶平。坐而玩之者，可濯足于床下；卧而狎之者，可垂钓于枕上。矧又潺湲洁彻，粹冷柔滑。若俗士，若道人，眼耳之尘，心舌之垢，不待盥涤，见辄除去。潜利阴益，可胜言哉？斯所以最余杭而甲灵隐也。杭自郡城抵四封，丛山复湖，易为形胜。先是，领郡者，有相里君造作虚白亭，有韩仆射皋作候仙亭，有裴庶子棠棣作观风亭，有卢给事元辅作见山亭，及右司郎中河南元藇最后作此亭。于是五亭相望，如指之列，可谓佳境殚矣，能事毕矣。后来者，虽有敏心巧目，无所加焉。故吾继之，述而不作。长庆三年，八月十三日记。

数日后，白居易让人给韬光禅师送上了这篇《冷泉亭记》。展卷细读，这文字的微妙之处令韬光禅师沉醉，韬光禅师说:"这五亭将因此不会坍塌。"

他摸着头顶的戒疤会心而笑。

4

小沙弥见韬光禅师笑得欢畅,便问师父,何故如此愉悦,韬光禅师说:"有这样一篇文章,冷泉亭当名扬天下。"

白居易写的《冷泉亭记》更多的是写登亭观景时的种种感受,有如佛家所说的情随景生,意与境谐,写得别具匠心。

韬光禅师把白居易的这篇风景小品文讲给随他修行的几个小沙弥听,也是对他们的传授:

"白居易这个杭州刺史说啊,东南地区的山水胜景,余杭郡的最好,而郡里的风景,灵隐寺为最,到了寺庙内部去看,冷泉亭第一。这个评价你们说高不高啊?"

小沙弥说,我们怎么没觉得啊!韬光禅师一笑,人得有慧眼啊,他僧袍飘飘,索性带了小沙弥去了飞来峰,边走边讲述白居易的文章:

冷泉亭筑在灵隐山下面,石门涧中央,灵隐寺西南角。它高不到两寻(十六尺),宽不逾两丈,但是这里可以看到四季最奇丽的景色,包罗了人间所有的美景,没有什么景物是这里看不到的:春天,它有花草芬芳,林木茂盛,在这里可以吐纳清新空气,令人气血舒畅。夏夜,它有泉水轻流,清风送爽,在这里可以消去烦恼,解除酒困,令人心旷神怡。山上的树林是亭子的大伞,四周

谁教冷泉水，送我下山来

的岩石是亭子的屏障。云生于亭梁之间，水漫到亭阶之上。可以坐着赏玩，在亭椅下用清泉洗脚；也可以卧着玩赏，在枕上垂竿钓鱼。又加清澈的潺潺涧水，不息地缓缓在眼前流过。

韬光禅师告诉小沙弥，这世间的万象，能够以微见著的，也就是有像乐天居士这样的慧心了。沧浪之水浊兮，可以濯我足。尘世的三千烦恼，到了这里就会消失不见，乐天居士说，冷泉亭是余杭郡最优美的地方，是灵隐寺第一的去处。你们觉得呢？

小沙弥嘻嘻窃笑，原来，我们是生活在这样一个天上人间的好地方。

韬光禅师说，乐天居士后面的话更好啊，五亭相互望见，像五个手指并列。可以说，全郡的美景都在这些地方了，要筑的亭子已经全筑好了。后来主持郡政的人，虽然有巧妙的心思和眼光，再要加什么也加不上了，所以我继任到这里以后，只是记述其事而不再添造新亭。按照白居易巨大的声名和威望，他都宣布不再另外建亭，后面的官员想必也不会再画蛇添足了。

韬光禅师的内心是快乐的，他的俗世知交解除心障，放下心中的执念后，为这片山水树了一道门。白居易的《冷泉亭记》传播开来以后，灵隐一地，既有香火鼎盛时的喧闹，也有修行者所需的宁静。而在白居易之后，历代的文人对冷泉亭的热爱更甚，这篇《冷泉亭记》应该也有催化之功。以唐之后的宋代而言，写冷泉亭的诗为数甚多，流传后世的佳作也颇多，比如林稹的《冷泉亭》小诗："一泓清可沁诗脾，冷暖年来只自知。流出西湖载歌舞，回头不似在山时。"

韬光禅师带着小沙弥走过冷泉，香火缭绕的灵隐寺即在眼前。当时是灵隐寺的全盛时期，有九楼、十八阁、七十二殿堂，僧徒多达三千余众。韬光禅师倒无所谓信徒多寡，要不也不会在韬光庵独自修持多年，但他热爱这座雄伟的寺宇，仿佛深隐在西湖群峰密林的浓绿之中，梵音响起之时，有鹭鸟翔集，啁啾不停。

而这，也是白居易深爱的理由吧，这一僧一俗，在冷泉亭上，俗世与佛道交汇。冷泉从山中来，过冷泉亭后，将流向热闹喧哗的西湖，那是俗世繁华的地方，也是佛心的一个倒影。

值得一提的是，在以后的漫长岁月中，因山洪暴发，"虚白""候仙""观风""见山"四亭俱毁，冷泉亭也是屡毁屡建，到了明万历年间，移建到了我们今天所看到的岸边。后面这些故事，白居易当然无从知晓，而相里造、韩皋、裴棠棣、卢元辅这四位杭州刺史，如果没有白居易《冷泉亭记》的记载，谁知道他们还在这风景绝美的灵隐造过亭子呢？

即使是留存下来的冷泉亭，它的建造者元藇在历史上留下的声名，也是远远不及写了《冷泉亭记》的白居易。冷泉亭的意义或者也不如《冷泉亭记》，因为那是一种人类心灵上的苦修和漫游，一种与山水的默契和沟通，是白居易对自我的一次超越。

某一个阳光灿烂的日子，这一僧一俗在冷泉亭上共看浮云，相视一笑，默契于心。

第九章

把火看潮来

1

云水埋藏恩德洞,簪裾束缚使君身。
暂来不宿归州去,应被山呼作俗人。

这是九月,阳光明媚,秋色怡人,白居易自己在这首诗的题记中这样记录:"予以长庆二年冬十月到杭州。明年秋九月,始与范阳卢贾、汝南周元范、兰陵萧悦、清河崔求、东莱刘方舆同游恩德寺之泉洞竹石,籍甚久矣,及兹目击,果惬心期。因自嗟云:到郡周岁方来,入寺半日复去。俯视朱绶,仰睇白云,有愧于心,遂留绝句。"

也就是说,白居易带着他的幕僚团队,也就是卢贾、周元范、萧悦、崔求、刘方舆等人,他们中有的是长史,有的是判官……在公元 823 年的九月,去了今天杭州的泗乡恩德寺,那里有与西湖齐名的铜鉴湖,当时应该叫作明圣湖。关于此湖,早在南北朝时期,钱唐知县刘道真撰写的《钱唐记》就对铜鉴湖有所记载,清代《定乡小识》如是描述铜鉴湖:"湖水清澈,产鱼极肥,红树青林,一川如画。"

作为一个吃客的白居易知道，那里还是杭州著名的野生鱼和莼菜产地。北宋苏轼在此留有"春山最好不归去"的诗句，我们也许可以看作是对白居易"应被山呼作俗人"的一个秘密回应。

白居易去泗乡，主要是为了视察自己的属地，作为地方的首长，对于民生的关注不可或缺。对于风水洞周边的环境，白居易已有所闻，从杭州去婺州、处州等州府，或去闽赣等地，均要从此地沿江堤陆路行走。为此，杭州府县衙门还在解头山脚建起了驿站，叫定南公馆。解头山的名字也改成了公馆山，所在的村也叫作公馆村（即今铜鉴湖村公馆自然村）。

就在上个月，地方报上来有泗乡渔民五人被潮水吞噬，白居易想到实地去看一看。钱塘江涌潮在此时作为天下奇观已广为人知，然而，涌潮带来的灾难也不小。三国时，魏太和二年（228），便有绍兴府"大风海溢"的记载，海宁"平地水八尺"。而就在白居易出生的第四年，也就是唐大历十年（775），七月忽起大风，杭州"海水翻潮，飘荡州郭五千余家，船千余只，全家陷溺者百余户，死者四百余人"。（历史上比较重大的灾难记载还有：公元860年，钱塘县潮水冲激江岸，"奔驶入城，势莫能御"；1472年，七月，狂风大作，江海横溢，钱塘江北岸杭州至平湖，"城郭多颓，庐舍漂流，人畜溺死"，海盐平地水丈余，"溺死男女万余人"。）

白居易向钱塘县的相关人等了解过潮水的情况，每当夏季台风来临，如果正好碰到大潮汛，便会出现强烈的风暴潮。浪潮冲击两岸堤防，一旦海塘溃决，便会洪流遍野，扫荡田禾、庐舍，甚至人畜溺死。有幸脱逃而保住性命者，也难免流离失所。潮水即便退却，已是田土皆咸，数年不能耕种，荒田残垣，哀鸿遍地，惨不忍睹。

〔宋〕夏圭《钱塘秋潮图》

而如果碰到坍江,那更会酿成大事故,钱塘江的河口大多为粉沙土,缺乏黏性,容易被冲蚀,在潮流和山洪的作用下,往往引起岸滩崩塌,甚至会一坍数十里。

白居易想去钱塘江畔看一看,并顺应钱塘县士绅的请求,作为地方长官,白居易要写文祈祷钱塘江神明的庇护。

古人对神明的敬畏出于他们的蒙昧,这并不可笑,也不是他们无知,而是时代的认知局限。在唐朝人的观念里,举头三尺有神明。白居易在杭州的这三年,有过数次祭神经历,祭钱塘江的神明应该是最后一次。在离任之前,多次考察后,他写好了祷文,也许本来还有治理钱塘江的想法,但终究无能为力,在祷文中有"安波则为利，浊流则为害"之语，是美好的祝愿，也是一种朴素的哲学观。

对白居易而言，还有一个私人的原因是去看望灵山慈严院（恩德寺）的住持慧日禅师（与生活年代略早一点的唐中宗时期著名高僧同法号），慧日禅师是韬光禅师向白居易引荐的。在梵语里，慧日以日光比喻佛之智慧普照众生，能破无明生死痴暗，与"慧光""慧照"等同义。白居易作为居士，得知有这样的长者，自然是心向往之。有趣的是，尽管宦游忙碌，但从创作成绩来看，这两年白居易佳作迭出，杭州的钟灵毓秀滋养了他的创作。

在这首诗中白居易告诉我们，这次出行是匆忙的，换句话说，他心有遗憾，主要是时间上分身乏术，所以他说自己是个俗人，要被青山所嘲笑。不过在那个时代，出游的时间成本绝对是个问题，路之崎岖和代步工具的匮乏都是可想见的。但就在这短促的时间里，笃信佛教的白居易与恩德寺住持慧日禅师一见如故，慧日禅师成为其之后一年中常常往来的方外之交。

2

公元 823 年九月的一天，秋高气爽。

沿着江堤策马，江岸的芦苇已抽出了白穗，但还没有如霜般弥漫成一片，远远看去，此时江面平静如镜，偶有风，涟漪如镶嵌于水面的花纹。

刘方舆对白居易说："此时那么平静，潮起时却如猛虎，潮水虎视眈眈。"

江南忆，最忆白乐天

H A N G Z H O U

上：潮来波涛涌　　下：潮去江水平

白居易看着这条大江，有沙鸥飞掠，江面的空旷让人心旷神怡，江面上有渔民撒网打鱼，早潮已过，晚潮尚早。白居易读过《汉书·地理志》，这江"水出丹阳黟县南蛮中"，而他读过的《后汉书·地理志》中，又提出说"江出歙县"，北魏的郦道元肯定了《汉书》中的说法。

转眼间灵山在望，从江边望过去，仿佛璞玉未琢，自然、宁静。白居易精修佛义，灵山在佛教中是佛陀遗迹，是当年释迦牟尼修行的地方，按照贞观年间去西天取经的高僧玄奘所说，灵山上，琪花、瑶草、古柏、苍松，家家向善，户户斋僧。（后世《西游记》中有如是演绎：冲天百尺，耸汉凌空。低头观落日，引手摘飞星。豁达窗轩吞宇宙，嵯峨栋宇接云屏。黄鹤信来秋树老，彩鸾书到晚风清。此乃是灵宫宝阙，琳馆珠庭。真堂谈道，宇宙传经。花向春来美，松临雨过青。紫芝仙果年年秀，丹凤仪翔万感灵。）

玄奘取经的故事在大唐的疆域传开以后，佛教的信众对描绘灵山福地发挥了无穷的想象力，而此地的灵山之名，很大可能来自于此。

白居易对众人笑笑说说，讲些佛教中的故事，很快就到了灵山。古木参天，绿树掩映，慈严院已然在望。钟声悠扬间，慧日禅师已带领僧众在慈严院门口恭候刺史一行，佛家既是出世的，又是入世的。

寒暄时，第一次见面的白居易和慧日禅师相互打量了下，两人都是瘦削的体型，看起来颇具出尘之气。灵山恩德洞是杭州远近闻名的一处避暑胜地，慧日禅师向白居易介绍说，上洞立夏清风自生，立秋则止，下洞流水潺潺，大旱不涸。

白居易颇有兴致，在慧日禅师和一干僧众的引导下，与卢贾、周元范等人兴致勃勃沿山道到了恩德洞，在洞口处站立，果然凉风习习，飘然有绝尘之念，仿佛不在俗世之中。

在后世，恩德洞里高达116米的"九天飞龙"石壁被称为"天下第一九龙壁"，洞内路径曲折有致，上下落差显著，"盘古裂谷""云坝瀑帘""玛瑙玉壁""石衣雪莲""九天飞龙"等溶洞景观或壮美或精致，而遍布溶洞的十万朵石花、石珍珠、石绒球更是极品，高达20余米的洞内瀑布则更是罕见。

但这些景致，以白居易他们时代的照明水准和对自然的认知，很难得窥全貌。他们在恩德洞的洞口处浅游辄止，侧耳听到洞中低沉的声响更增添了他们的遐想，这洞中是否别有乾坤，有着天地间的另一番造化？洞穴略深处，脚踢到许多小石子，捡起来隐约可见其红点如丹，但拿出洞口色泽即隐，复内如故。

这让人啧啧称奇。

刘方舆正好在读陶渊明的《桃花源记》，忍不住卖弄了几句："林尽水源，便得一山，山有小口，仿佛若有光。便舍船，从口入。初极狭，才通人。复行数十步，豁然开朗。土地平旷，屋舍俨然，有良田美池桑竹之属。阡陌交通，鸡犬相闻。其中往来种作，男女衣着，悉如外人。黄发垂髫，并怡然自乐。"

安史之乱过去不久，早些年社会处于大面积的动荡中，民生凋敝，有桃源之思的人不在少数，但哪有世外桃源可供人们栖居？

洞中流出的水细流潺潺，仿佛来自于一个缥缈的别处，白居易和他们讲些志怪故事，连慧日禅师等方外之人听了也称奇道绝。他们不知道的是，在后世被称为唐传奇的一类文言小说，正是滥觞于元稹、白行简和白居易等几位。

3

日近午时，慧日禅师已备下素宴，招待白居易一行，禅师说，也无他，三五个素菜、一锅香米饭而已。白居易推辞不得，坐了首席，旁人也一一落座。

小和尚端上了第一道菜，菜用碗盖着。白居易好奇，目视慧日禅师，问："大师，什么山珍海味？"慧日禅师摇了摇头说："这菜么，不是山珍，胜似山珍，'青丝烩白玉'，请居士品尝。"

白居易素爱美食，人又有急智，没等慧日禅师说完，脱口而出："菠菜滚豆腐？"

慧日禅师颔首："果然才思敏捷！"

菠菜原是波斯人栽培的菜蔬，所以它有个别名叫作"波斯草"，贞观二十一年（647）时，天可汗之名远扬域外，尼泊尔国王那拉提波把菠菜作为一件礼物，派使臣送到长安，时称菠菜产地为西域菠薐国，因此它被称为"菠薐菜"，后又简称"菠菜"。

而豆腐始于汉代淮南王刘安，是修道之士在炼丹时的额外收获，一直为佛道两家所喜欢。菠菜滚豆腐，绿白分明，加上菠菜的菜根是红色的，色泽的搭配上颇为赏心悦目。

白居易打了个稽首，说："大师教化，一碗普通的菠菜豆腐，被你一说，简直是美不胜收，引得我口水直流呀！其中的寓意我一清二楚，菠菜又叫红嘴绿鹦哥，你是要我清清白白做官，一颗红心爱民呀！"

慧日禅师一笑，说："大人过奖了。"

白居易也是真心喜欢这菠菜豆腐，而慧日禅师的做法使得这素宴有了仪式感，让众人对下一道菜颇具期待。小和尚这时又端出了第二道菜，慧日禅师说："这碗菜叫'白玉鞭煮倒笃鲜'，请诸位大人品鉴。"

白居易长期生活在北方，而这道菜是道地的南方菜，他对此有点迟疑，萧悦开口说："白玉鞭乃山中时鲜，就是竹园里的边笋；倒笃鲜，就是雪里蕻腌菜，这菜开胃下饭！"

白居易说："对，自我来到江南，山野农家中这没少吃，好东西。"

小和尚又端出了第三道菜，慧日禅师说："这碗菜叫'鸿运当头照'，请居士品尝。"

白居易一笑："红烧芋头？"

白居易打趣慧日禅师，大师凡心未了啊，简简单单的菜偏要取个如意之名，这岂不是一叶障目？慧日禅师一笑，入世即是出世，出家就是在家，居士难道还不明白吗？

两人的机锋可谓棋逢对手，这一餐吃得不亦乐乎。

4

眼前之景有些道不得，天气尚未转凉，阳光驳杂，空气里盈动着秋日的躁动。秋色入山，轻风送爽，有鸭子悠闲浮游于秋水之上。我们是否愧对于自己的本心，又要归去面对世俗的喧嚣？

白居易如是问自己，但终究要做一个俗人啊！这一日在座的，有高僧，有刺史，也有杭州的地方官员，他们的话题从民生到诗文，从佛教到儒家，包罗万象。离他们不远处的钱塘江，午后逐渐起风，江流渐急，洄射激荡，上午他们路过的码头上此时空无一人，过江已是一件非常危险的事，潮声渐渐大了起来，如猛兽努力压抑的吼叫，在天地间只有沙鸥还在孤独地飞翔。

白居易后来在《杭州春望》中写到过这样的场景："望海楼明照曙霞，护江堤白踏晴沙。涛声夜入伍员庙，柳色春藏苏小家。"大致是说在望海楼上可以看到朝霞的升起，护江堤即是阻挡海潮入侵杭州的大堤，涛声则是钱塘江的滚滚潮声，夜间在伍子胥庙就能听到。

此景应该在以后的日子里白居易才能体会到，因为从这年的九月到公元824年的夏日，白居易多次策马前往灵山，他和慧日禅师的交集日益密切，尤其是在824年的春天之后，白居易接到了朝廷的调令，而西湖的防护堤业已筑成，白居易离开杭州是在那年的秋天，这样有半年的时间是相对悠闲的。白居易找慧日禅师谈天说地，或许也是为了看看灵山周边的茶树，又或许是为了找寻钱塘江畔土著的酿酒之法。

白居易是爱酒之人，他之爱酒，不同于李白的豪饮，也不限于品酒，他写有"能饮一杯无"的诗句，他还是当时的酿酒大师，自酿之酒，是刘禹锡、李绅等好友的杯中珍品。这里随便扯几句，打住。

若干年后，白居易写过一首不太出名的长诗，诗名也很长，叫《郡斋暇日忆庐山草堂兼寄二林僧社三十韵多叙贬官已来出处之意》。其中有这样的句子："吾道寻知止，君恩偶未忘。忽蒙颁凤诏，兼谢剖鱼章。莲静方依水，葵枯重仰阳。三车犹夕会，五马已晨装。去似寻前世，来如别故乡。眉低出鹫岭，脚重下蛇冈。"

"去似寻前世，来如别故乡。"人世苍茫，这大抵就是浮生如寄的感觉。

白居易和钱塘江潮水的第一次结缘非常仓促，在他们动身回转杭州城时，涛声呜咽，夕阳横亘在江面之上，一江之水都被渲染得灿烂非常，但很快，夕阳走入了江底，像是有一只手把它拖进去，然后，夜色从薄变得浓重，抱紧了每一个在夜色中走路的人，并用夜的料峭打湿了他。

白居易一行人在这样的夜色中回到了杭州，数日之后，他写了下祷江神的祭文，那更多的只是对美好生活的一种期待。而另外一首如偈语般短小的诗《潮》，倒是道出了白居易对岁月不居的惆怅之感："早潮才落晚潮来，一月周流六十回。不独光阴朝复暮，杭州老去被潮催。"

光阴终究这样在不知不觉中被偷去，但是怎样的潮声在催促着他？如果年华老去，他的抱负和愿望能够实现吗？

到了长庆四年（824）五月四日，因浙江"潮涛失常，奔激西北，……浸淫郊鄽，坏败庐舍，人坠垫溺"，即将离开杭州的白居易以"朝议大夫、使持节杭州诸军事、守杭州刺史、上柱国"的名义，"谨以清酌少牢之奠，敢昭告于浙江神"，祈求"水返归壑，谷迁为陵，土不骞崩，人无荡析"。(《祭浙江文》)

但江水滔滔，天地不仁，人间需要的是自己的努力。

第十章 绿杨深处是苏家

1

还是秋高气爽之时,白居易和萧悦诸人在西湖上泛舟,当时杭州几个出名的歌姬商玲珑、谢好、陈宠、沈平都在。也许是出于卖弄,周元范指着不远处的宝石山下,说那里便是有名的苏小小墓,他为众人吟诵了已经过世数年的诗人李贺的《苏小小墓》:"幽兰露,如啼眼。无物结同心,烟花不堪剪。草如茵,松如盖。风为

〔清〕金农《山水图册》写白居易西湖游宴诗意图

裳,水为佩。油壁车,夕相待。冷翠烛,劳光彩。西陵下,风吹雨。"

白居易见过李贺,也一起参加过雅集,这位只活了二十七岁的诗人才华横溢,和韩愈的关系非常好。李贺写诗,和大唐一般的诗人多有不同,比如他写的十来首"鬼"诗,"虽为异类,情亦犹人",这首《苏小小墓》便是。

白居易想起唐传奇里的故事,不由起了顽皮之念,他对画舫上的诸人说,风雨之时,据说墓上还能听到苏小小的歌声。商玲珑诸女颇有神往之色,苏小小是她们的前辈,苏小小的故事她们也耳熟能详,大抵她们所接触到的文人墨客中,心里都住着一个苏小小。

苏小小应该是确有其人。她是南北朝时南齐的歌妓,名满钱唐,也是一个才女,家学渊源,据说其先祖在东晋朝堂为官,晋失其鹿后,举家流落到钱唐,苏家利用随身携带的金银珠宝做买卖,到了苏小小父母这一代,已成为当地的富商巨贾。优渥的生活条件让聪明灵慧的苏小小深受熏陶,自小能书善诗,才华横溢。但苏小小十五岁时,父母因病谢世,苏小小变卖了城中家产,带着乳母贾姨移居到城西的西泠桥畔。

大抵在那个时候,苏小小开门纳客,而很多文人名流慕名造访,甘愿拜倒在石榴裙下的犹如过江之鲫,苏小小却死心塌地地爱上了阮郁。这当然好,阮郁是名门公子,在你侬我侬时,两人形影不离如胶似漆:"妾乘油壁车,郎骑青骢马。何处结同心,西陵松柏下。"苏小小写的这首诗说的就是这个场景。后面的故事可以想见,这是一个世俗的社会,偏见和歧视从未消失,而阮郁并非苏小小的骑士,他没有那种勇敢和决绝,在家人的反对下他抽身远遁。之后苏小小忧郁成疾，缠绵于病榻。

但苏小小能够被千古传颂还在于她的善良。在这以后她又遇见了穷书生鲍仁，鲍仁去赶考却缺少盘缠，苏小小动了侠义心肠，慷慨解囊相助，使鲍仁赴考得以成行。而苏小小在次年春上受风寒后咯血而死，年仅十九。

鲍仁金榜题名后出任滑州刺史，赴任时路过钱唐，专程到西泠桥畔答谢苏小小，岂料赶上的是她的葬礼，鲍仁抚棺大哭，将她葬于离西泠桥不远的山水极佳处，墓前立石碑，上刻"钱唐苏小小之墓"。

商玲珑讲述苏小小故事的时候，画舫中安静了下来，苏小小的这些故事，真真假假，大家都是听过的，但商玲珑讲述的时候，却依然能够感觉到那种悲伤。

白居易却有莫名的感触，他喃喃自语，这阮郁的离开，也许只是一个借口。

2

多年来，湘灵这个名字，无数次涌动在白居易的舌尖。初识湘灵，白居易还是少年，而湘灵正是豆蔻少女。少年少女间的爱慕发乎天性，彼此又是邻居，非常单纯的爱慕者，甚至还来不及表白，白居易就去了叔父处。

再度返乡的时候，两人的爱火迅速燃烧起来。她的聪慧让白居易着迷，甚至超过了对她容颜的迷恋。少年情怀总是诗，在白居易的心里，湘灵是他未来的新娘。

"愿作远方兽，步步比肩行。愿作深山木，枝枝连理生。"白居易这样念给湘灵听，他表达着自己的感情，

苏小小墓
前世与今生

第十章　绿杨深处是苏家

而湘灵的目光已经痴迷。这几句诗，恐怕就是"在天愿作比翼鸟，在地愿为连理枝"的最初模样。

但他的母亲白陈氏警告说："居易，你是白家的麒麟儿，不可为一个女子毁了自己的前程啊！"白居易诺诺。白陈氏的观点也是当时的主流，男女之间的地位并不平等。

白居易的爱有多深，我们可以从他最早写给湘灵的诗中得知，《邻女》："娉婷十五胜天仙，白日嫦娥旱地莲。何处闲教鹦鹉语，碧纱窗下绣床前。"

理想主义的消亡应该是从这时开始，先是日常生活的消解，接着是仕途的坎坷，白居易此后的人生故事之所以精彩，或者说，之所以白居易能够成为白居易，一个在矛盾中保持着本心的诗人，都是由这点点滴滴汇聚而成。

"泪眼凌寒冻不流，每经高处即回头。遥知别后西楼上，应凭栏干独自愁。"这是白居易《寄湘灵》一诗，寒夜难眠，辗转反侧中，湘灵已经成为一个符号般的存在。

从青丝到白发，近二十年的光阴，这份感情一直延续着，比如在这个被翻红浪的春夜，白居易的身体里有了一处空缺，而这个空缺将一直伴随着他的余生。或许，从俗世的人生来说，现在的白杨氏，更加符合白居易的择偶标准，但白居易一刻都不曾忘记过湘灵。

午后的阳光在湖面上有着浮动的光，在商玲珑声音的引导下，白居易有些恍惚。

苏小小和湘灵的形象重叠着，在白居易平静的心湖里，仿佛一个暗影浮沉，好在这个时候，谢好说："白公能否为我们讲讲李贺的这首诗啊？"

这几个歌姬都是才艺俱佳之人，但李贺的这首诗看似简单，却并不好懂，谢好的这一打岔，让白居易阴霾的心有了光透过的缝隙。

白居易吩咐船夫，去，靠岸，我们去凭吊一下苏小小。

3

船靠岸后，众人簇拥着白居易，他和他们说，这首诗由景起兴，凄迷的景象，让苏小小的魂灵飘飘忽忽、若隐若现，前两句写苏小小的容颜，但只是抓了一个细节，她的泪水凝眸如兰花叶片上欲滴的露珠，又写得阴气森森，哀怨悱恻。

"无物结同心，烟花不堪剪。"当是描述苏小小魂灵的无依和彷徨，之后就写诗人所看见的苏小小魂灵的形象：绿草是她的茵褥，青松是她的伞盖，春风是她飘飘的衣袂，流水是她环佩的声响。而那辆油壁车，依然等待着她坐上去赴约。这个形象是多么的欢快和幸福啊，但和前两句连在一起，徒增哀怨。苏小小是被困在时间里了吗？好像一直在重复着这种等待，到了夜色降临，鬼火摇曳，魂灵飘忽，风吹动着雨。

白居易说，李贺还有首《七夕》也说到了苏小小，最后两句是："钱塘苏小小，更值一年秋。"美人能够颠倒岁月，但这人世间是多么的空虚啊！白居易想起了这个在长安时多次相聚过的鬼才，尽管文学观点不同，却并不影响两人之惺惺相惜，这个小他十九岁的诗人在六年前，因为体弱多病，辞去奉礼郎回乡后辞世。白居易感慨："衰兰送客咸阳道，天若有情天亦老。转眼间，李贺已和他所感慨的刘郎在泉下相聚了。"

白居易引用的是李贺那首流传甚广的《金铜仙人辞汉歌》，全诗如下：

茂陵刘郎秋风客，夜闻马嘶晓无迹。
画栏桂树悬秋香，三十六宫土花碧。
魏官牵车指千里，东关酸风射眸子。

空将汉月出宫门，忆君清泪如铅水。
衰兰送客咸阳道，天若有情天亦老。
携盘独出月荒凉，渭城已远波声小。

白居易到杭州后，已经凭吊过苏小小墓，但这一次携商玲珑诸人的经历感受尤深，也许是他内心对苏小小的同情，这个女子的意象牢固地占据在他的记忆里，在他后来的很多诗句里出现了苏小小的气息，像是秀丽面庞上的明眸留在世间的一抹余波。

在那一天回府衙时，白居易依然有点神思恍惚，阿罗的巧笑倩兮才让他有些快乐起来。

公元807年，白居易三十六岁时，娶当年赴京赶考时有赠衣之情的好友杨虞卿从妹为妻。杨虞卿此时也是他的同僚。在当时，白居易属于少见的晚婚者，这里面固然有先立业后成家的因素，也有长安居大不易的原因，但更多的，恐怕是白居易内心的躲避和期盼：少年时候就熟悉的倩影，一直让他魂牵梦萦，而别的，往往就是借口罢了。

对白居易的成婚，友人们无不祝福，在他们看来，白居易就像马儿被套上了笼头，毕竟，在这之前，白居易和元稹这两位前途无量的青年俊杰，结伴流连于花街柳巷之地，常为人所侧目。名士风流，唐代习俗如此，但对于有为之士，过度沉溺于感官之乐终究不是正途。事实上，元稹和白居易倒不是单纯消遣，他们喜欢在这些迎来送往的场所收集素材，这些素材成为后世流传的唐传奇的开端。像苏小小这样的故事，事实上也是传奇的一部分。

〔明〕陈昌锡《湖山胜概》中城隍庙景象

4

饭后，哄阿罗睡着后，白居易和白杨氏闲聊着，白杨氏说，她今天去城隍庙进香时，碰到了一桩奇事。白居易问，啥事奇怪？

白杨氏说了一桩市井琐事，在香烟缭绕的城隍庙大殿，有一个容颜憔悴的女子披头散发在菩萨座前哭诉，她动了恻隐之心，就过去问，那个女子说了一个故事。

她住在城隍庙下作坊弄，丈夫在外地做蚕丝生意，每年只有中秋佳节回来与家人团聚。这一年，女子生下女儿，到八月十五正好满月，于是眼巴巴等良人回家，却虚等了一宵。第二天，女子满心烦恼，就想着去城隍庙上香祈求平安，路上随便买了瓶醋。到了城隍庙，门口摆测字摊的测字先生叫住了她："这位小娘子，为何愁眉苦脸？有啥疑难之事？来，测上一字，包你逢凶化吉，遇难呈祥。"

女子听说过这测字的灵验，就动了心。她坐下后，测字先生和她聊了一会，然后让她写一字，但女子不识字，测字先生让她以物替代，女子随手一指，正好是一只织网的蜘蛛。

测字先生呵呵一笑："放宽心，小娘子放宽心！蜘蛛，虫也！门中一虫，闽也！蜘蛛吐丝，说他忙于蚕丝生意，误了归期。"女子又问归期，并指了指篮中的醋瓶，测字先生略一沉吟说道："醋拆而为酉昔，昔者，廿一日也！若无突变，廿一日酉时之前你夫可望回家，你安心等待就是。"女子大喜，记挂着孩子，付钱后转身要走，不料脚下一滑摔了一跤，醋瓶也碎落一地。测字先生说："空跌一跤，须防分道扬镳！"

到了八月廿一日，女子烧菜温酒，等丈夫回来，说来也巧，她丈夫催讨一笔债款，耽搁了几天，正好此时到来，但对热情的妻子，丈夫却起了疑心：延期数日，她怎么知道我今日到家呢？这热气腾腾的酒肴又是为谁？刚才巷口那个鬼鬼祟祟的男人是谁？（后来得知是测字先生怕砸了自己的招牌，在此守候。）妻子难道红杏出墙？

第二天，他携妻女去了岳父岳母家，从怀中取出一个信封，交与岳父，说自己要去谈一件大生意，留妻子在娘家小住几天。等男人走后，岳父一看信，却是一纸休书。

后面的故事从看到那个女子的憔悴之色可以得知。白杨氏是女人，非常同情这女子的遭遇。

白居易也觉得事有蹊跷，想了想，他命人从狱中提出一名外地犯了轻罪的犯人，让其扮成常人模样，上城隍庙测字先生处测字。犯人用舌尖润了润笔后写下一个"人"字，测字先生还真有点货，说："口中含人，囚也！"

这下白居易决定亲身前往，弄他个水落石出。白居易微服来到测字摊，他也写了个"人"字，看测字先生怎么说。测字先生却躬身行礼，说："小民不知大人驾临，得罪得罪！"

白居易暗吃一惊，问："何故？"测字先生恭恭敬敬答道："先时有人书一'人'字求测，今大人又加一'人'字，人上之人，那还用多说吗？"白居易把测字先生请到了府衙，命下人泡上香茗，开口向测字先生请教。

老百姓怕官，千古不易，官字两张口，看它怎么说。但测字先生的说法也不差，所谓测字，其实就是"望闻问切"，像那个女子，他与其聊天时已套出话，说"廿一日"不过是推算有可能行程耽误，但时间上不会相差太多，而分道扬镳只是随口一说，是测字算命惯常的做法。

白居易问："那么如果这个商人回家后无休妻之举，你又怎么圆？"测字先生莫测高深地一笑："无妨。商人重利轻别离，这不也是分道扬镳吗？"

测字先生用的是白居易当年被贬为江州司马时写的《琵琶行》中的诗句，可见白诗流传之广，白居易颇有些得意，但转眼又问，那么那个囚犯呢？那又是怎么回事？

测字先生口若悬河，侃侃而谈："这说穿了更简单，那人神色慌张，两眼老是往边上瞟，那里站着一名捕快，八九不离十。至于大人，字迹龙飞凤舞，气质不同寻常。"

白居易若有所思，市井之中果然藏龙卧虎，高人辈出。他一面让白杨氏遣人去告知那可怜的女人，一面修书一封，命人快马加鞭送去商人那儿，使这对夫妻破镜重圆。

5

做了这样一桩好事，对于白居易而言，也是一桩功德。这个事情一分心，倒把因为思念湘灵带来的怅惘给冲淡了。白居易不是道德君子，在唐代，儒家中的理学思想尚未兴起，人性的舒展远比宋明时候宽松，他又融入杭州山水之中，和好友，和那些被他写进诗里的明眸善睐的女子。

白居易所处的中唐时代，诗人骚客灿若星辰，但像白居易这样无所顾忌地把这些歌姬的名字写入诗行的并不多，或许在他的内心，他把这些歌女当作了平等的个体，甚至是艺术上的知音。

"移领钱唐第二年，始有心情问丝竹。玲珑箜篌谢好筝，陈宠觱篥沈平笙"，这诗行中白居易写到了商玲珑、谢好、陈宠、沈平四人。

"李娟张态君莫嫌，亦拟随宜且教取"，这首诗里他又写了李娟、张态两人。

唐人胸襟开阔,就像他们写苏小小,也大抵在平视的角度上,比如那个才见过面的苏州诗人张祜写苏小小与情郎分手情景的《苏小小歌》:"车轮不可遮,马足不可绊。长怨十字街,使郎心四散。"由爱而迁怒于物,苏小小一心想留住情郎的炙热情感在文字中触手可及。而晚于白居易的晚唐诗人温庭筠也写有《苏小小歌》,一样惆怅哀婉:"买莲莫破券,买酒莫解金。酒里春容抱离恨,水中莲子怀芳心。吴宫女儿腰似束,家在钱塘小江曲。一自檀郎逐便风,门前春水年年绿。"

白居易在此后一年多的时间里,多次路过苏小小墓,他对苏小小的评价,莫过于在《和春深诗二十首》中的那两句了:"杭州苏小小,人道最夭斜。"

婀娜多姿的女子是当时诗人所爱慕的,也许正是这个原因,白居易还常常用苏小小来指代活跃在杭州城里的歌妓,如商玲珑、谢好、陈宠、沈平她们,他这样写:"已留旧政布中和,又付新词与艳歌。但是人家有遗爱,就中苏小感恩多。"(《闻歌妓唱严郎中诗因以绝句寄之》)或者这样写:"苏家小女旧知名,杨柳风前别有情。"[《杨柳枝词》(其六)]

在白居易的内心,苏小小是无可替代的,在另一首《杨柳枝词》(其五)中,白居易写道:

苏州杨柳任君夸,更有钱塘胜馆娃。
若解多情寻小小,绿杨深处是苏家。

这诗中的"馆娃"即馆娃宫,是当年吴王夫差在苏州专为美女西施修建的,而白居易认为苏小小在情感上比西施更胜一筹。苏小小泉下有知,或当为白居易轻展歌喉,翩翩起舞,或者坐上油壁车,一同漫游于湖山之间。

而白居易也是爱杭州的秋色,有一日黄昏,暮色四合中他登上城东望楼,远眺山水秀丽,忽然想到远在长安的好友张籍,写下了《江楼晚眺景物鲜奇吟玩成篇寄水部张员外》一诗,把江南的美景传递到尺素之间:

澹烟疏雨间斜阳,江色鲜明海气凉。
蜃散云收破楼阁,虹残水照断桥梁。
风翻白浪花千片,雁点青天字一行。
好著丹青图写取,题诗寄与水曹郎。

苏小小就是西湖,西湖就是苏小小,眼前有景,心中有人,如果去看白居易的一生,在杭州的这三年大概是他最快乐的时间之一。

绿杨深处是苏家

第十一章 折赠佳人手亦香

1

在白居易的认知中,江南是和雨联系在一起的,江南之柔就像水波潋滟,正如他所钟爱的西湖,百看不厌。白居易看过白雪遮掩中的湖,看过月朗星稀时夜色下的湖,看过晨曦中微风吹拂的湖,但抵达杭州已经一年,他却很少见到杭州的雨湖,因为正值杭州干旱。

所以在白居易的诗里,我们很少读到雨中西湖,这和在苏东坡诗中能够邂逅的西湖大相径庭。

白居易是个闲不住的人,有空闲的时候他会着便服,带着一两个下人,牵着阿罗的小手,在杭州城里走街串巷,他有时也会让阿罗骑在他的肩头,宠溺非常,可能是因白居易得女比较晚吧,毕竟他是到四十七岁时才有了阿罗。

阿罗对于世界是好奇的,江南风光与她自小看到的殊异,她拉着白居易的手,另一只手指着前面说:"井,那么多的井!"

是的，白居易发现，杭州井多，但如果仔细去看，井多是多，杭州老百姓的房子前也大多有井，但人们却很少取井水喝，反而不是去西湖，就是去周边的山中取水，井水大抵就用来洗衣冲地。

一开始白居易并不觉得奇怪，他是一个嗜茶之人，水的品质对茶影响巨大，他以为是山中和西湖里的水特别好喝，人们才舍近求远。

但有一天午后他出了府衙，见到几个颤颤巍巍的老年人在背水，就很不理解，难道是杭州人对生活品质如此讲究？他帮一个老奶奶提了一把，问："不是有井水吗？"

老奶奶看了他一眼，看出了他是个外乡人，说，这水咸，没法喝啊！早些年李大人在的时候还能喝，现在坏了。

在杭州时间长了，白居易慢慢也就了解了，由于受钱塘江咸潮的长期侵蚀，杭州的地下水又咸又苦，根本不能喝。

而老人家所说的李大人，恰好和白居易有着一点点的关联。他就是当年对白居易有提携和指点之恩的顾况的好友，被称为布衣宰相再造唐朝的李泌，他也有经略杭州的经历。

在杭州的民间舆论里，李泌有着传奇般的口碑，这位刺史关注民生，在任上，他建了六井解决老百姓的饮水问题。

唐时杭州的陆地成形不久，地下水苦咸，彼时只有西湖水洁净可以饮用,所以饮水问题成了制约民生的一大焦点。李泌经过实地考察精心筹划后,开始了"引西湖水入城"工程:先垒石围湖,形成相对独立的水池,并设置水闸与湖面相通,然后挖沟设置石槽,内置竹管引水入城,城内再设置蓄水池,通过竹管与城外大池相连接,蓄水池上再设置六眼水井。

这像极了一个唐朝版的自来水厂。

2

端午节前后,白居易带着一干幕僚和属官实地考察了这六井,六井从南往北排列,其入水口依次在今天的湖滨一公园至六公园、少年宫一线上,六井分别是相国井、西井、金牛池、方井、白龟池、小方井。

一路过去,对于四十年前李泌所建造的六井,和李泌在任上的这些举措,老百姓感恩戴德,白居易暗暗点头,

相国井

当一个官员的视野是往下的，俯向苍生之时，他所做的实事就会成为美好的记忆。

说到李泌，白居易想起了对自己有过提携之恩的顾况，人生如白驹过隙，不由有些惆怅。

他问萧悦他们，李泌的事迹可听说过？那可是个了不得的人。

萧悦他们大抵知道一些李泌的旧事，但白居易有这个兴致，他们自然不会去做扫兴人，便听白居易讲述，而这些故事，正是当年顾况讲给白居易听的。

和更多自命不凡的人相比，李泌真正称得上是风云人物，在宋代编撰出的《三字经》中，便记录了李泌的成名旧事："泌七岁，能赋棋。彼颖悟，人称奇。"白居易说：七岁时的李泌，因聪慧过人，被亲友推荐给玄宗，可能也是作为一个祥瑞吧。在召见李泌的过程中，玄宗让正与自己下棋的燕国公张说出题考考李泌。

张说见李泌年纪小小，但头角峥嵘，颇有爱才之心，在玄宗眼皮底下当然也不会放水，他要求李泌以"方圆动静"作赋："方若棋局，圆若棋子，动若棋生，静若棋死。"

出完题又有些后悔，想一个七岁的小孩能够回答得出彩吗？不料李泌张口就来："方若行义，圆若用智，动若骋材，静若得意。"

玄宗大喜，在他的治下，帝国出现这样的神童自然值得庆贺，连忙赏赐并要求其家人"善视养之"。在玄宗本人的关心下，七岁的李泌名满天下，成为帝国闻名

李泌凿六井

的神童,略长大一点的时候,与时任宰相的张九龄相识,成为相差四十四岁的"挚友"。

白居易说这段往事的时候,对于当年的开元盛世充满了追思,他们只能从前人的诗句和逸闻中遥想的昔日繁华,已如海市蜃楼般随风消逝:故国家园,山水如旧,但早已物是人非。

李泌的一生遭际,是帝国从盛世到风雨飘摇的缩影:李泌历经四朝,三为帝师,一为宰相,称得上抚危定倾、再造唐室。而宦海五十余年,也多次被排挤攻讦,出任杭州刺史时年已花甲。

白居易言下颇有些唏嘘,说,恨不能早些结识李公啊,风范俨然,像这样的刺史,算得上为官一任,造福一方,是做实事的表率。

萧悦等人纷纷点头称是,他们大多来自底层,对民间的疾苦深有体会，盛世繁华是谁都想跻身其间的，但梦想和现实是两回事。

杭州城市的改变，放在漫长的时间里去看，大概始于李泌，北宋苏辙就明确地说："杭本江海之地，水泉咸苦，居民稀少。唐刺史李泌始引西湖水作六井，民足于水，故井邑日富。"在苏辙看来，李泌是历史上第一个把西湖水用于居民生活的人，此给水系统为杭州城市的发展打下了良好的基础。以后的白居易、钱镠、陈襄、苏东坡等许多官员，不断对六井进行了疏浚和修缮，使六井的作用继续得以发挥，杭州也逐渐成为繁华富庶的城市。

历史有时候会掩盖一些事情，比如李泌的杭州刺史任，《旧唐书》说得简单："改杭州刺史，以理称。"到《新唐书》里，同样语焉不详："徙杭州刺史，皆有风绩。"但历史的公正在于，你做的事，总有人记得。李泌在杭州的具体作为在白居易的《钱唐湖石记》中被记录了下来："其郭中六井，李泌相公典郡日所作，甚利于人。"

白居易不会贪人之功，李泌做的事，现在，轮到白居易来做了。

3

到了长庆三年（823）七月，旱情未解，老百姓叫苦不迭。湖堤还在建造，即使建成了一下子也起不了作用。李泌的六井如何疏浚，白居易还在找能工巧匠研究，那么，如何安定百姓之心成为当务之急。

唐代有个在后世看来很奇葩的规矩，在当时却是一件正经事，在吏部的考核中，官员祈雨是政绩考核中的重要一项，做得不到位还有免职的风险。而白居易作为杭州刺史，拜天祭神消灾，自然也是题中之义。从个人来说，白居易本身是笃信佛法的居士，《旧唐书·白居易传》说："居易儒学之外，尤通释典。"他日常也如此自称："外以儒行修其身，中以释教治其心。"

唐以道教为国教，各种神灵故事也由此而生，而武则天改唐为周的那段时间，出于她统治的需要，又大力倡行佛教，到了民间，已渐渐有佛道合一的趋向。宗教在有唐一朝，有两项活动非常重要：一是举行斋醮活动，即做法事，祈祷皇帝健康长寿，国运长久，天下太平等；二是为皇帝提供各种养生长寿的方法，也就是炼丹。

在唐朝，所有国家庆典，皇帝祖先的忌日，皇帝皇后的生日，天旱时请神下雨，天涝时请神放晴等，都会有道士出场。"祭神如神在"，这是对天地的一种敬畏，祈雨作为古代的一项祭祀活动，从王室到地方官吏都不会"迟疑"，甚至有皇帝因祈雨不下，把自己架在干柴上，如果祈雨不灵，自焚殉职。

民生是社会存在的基础。

在这种种原因的促使下，白居易决定先去杭州城北的皋亭山祈雨，甚至还一本正经地记录在册。早在杭州大部分地区还是一片汪洋大海时，皋亭山已兀立海上，南麓的皋城遗址中曾出土过良渚文化的凿、刀、犁等石器，及陶鼎足等。皋亭山古有皋亭神，为皋亭山周边人崇拜的主神。

近年也有人考证认为皋亭神是项羽的假托之神，顺便一提。

白居易通知了余杭县令常师儒，让他准备一下，并选好黄道吉日，也就是这一年的七月十六日，然后他自己开始写作传诵于世的《祈皋亭神文》，就在他准备上山昭告皋亭神的前两天，他的好友牛僧孺来到了杭州。

4

这个牛僧孺非一般人，就是后世称为"牛李党争"的主角之一，牛党之名来自于他的姓。从后人的眼光去看，他和李党的领袖、世家出身的李德裕，二人都是非常了不得的人杰，一个进士出身，一个世家出身，但两人始终不能默契，不能联手治理国家，而是党同伐异，彼此内耗。

牛僧孺比白居易略小一点，生于779年，二十七岁时高中进士，步入士林。在《唐诗纪事》中，可见到他的一些逸事和诗作，他常与白居易、刘禹锡唱和，大概是受元稹和白居易的影响，他写有卷帙浩繁的《玄怪录》传奇十卷，但后来散失了，我们仅可从《太平广记》中看到引篇。

牛僧孺与白居易有着深厚的友情，他这样说自己和白居易："常与公迫观熟察，相顾而言，岂造物者有意于其间乎？将胚浑凝结，偶然而成功乎？然而自一成不变已来，不知几千万年，或委海隅，或沦湖底，高者仅数仞，重者殆千钧，一旦不鞭而来，无胫而至，争奇骋怪。"

为了纪念二人的友情，白居易于843年题写了著名的《太湖石记》，因为牛僧孺是爱石之人，藏石甚多，形神兼备，独树一帜，牛僧孺与石朝夕相对："待之如宾友，亲之如贤哲，重之如宝玉，爱之如儿孙。"

这样的一个好友来到自己主政的城市，白居易自然要尽地主之谊，而后他邀请牛僧孺与他同去皋亭山祈雨："兄不如与我同上皋亭山，看山川秀丽，钱塘江如一条白练，水天一色，让人心旷神怡。"

牛僧孺欣然应诺，他原本对江南的风光也充满了渴望。

白居易颇有些遗憾，和牛僧孺说可惜时间不对，不然皋亭山上的桃花颇可一看，人面桃花，也是雅事。牛僧孺莞尔，说，总有机会的，何况我这阔脸大汉，又不是娇娃妖娆，就不吓桃花了。

到了上山这一天，府衙里的大小官吏除了值守的，都早早聚集起来，还带上了各自的亲朋好友，队伍非常的庞大，还有一些自发的百姓追随着，大家都盼望着能够下一场及时雨，解救大旱灾。

皋亭山上，在皋亭神的观里观外，余杭县令常师儒和信众早已备好了斋醮礼仪所需要的祭品，而且发动了周边很多的百姓前来观礼。在当地人的记忆里，这是杭州进行的最大的一场法事了，场面宏大难忘。

礼仪繁复而讲究，所祭祷的皋亭神的牌位放在正中，香烟缭绕，灯烛辉煌，道教特有的步骤一丝不苟，音乐和舞蹈也让人们大开眼界，当法师做完前面的流程之后，轮到本地最高的行政长官主祭神灵。

（据唐代道士张万福《传授三洞经戒法箓略说》和《洞玄灵宝道士受三洞经诫法箓择日历》的记载，入道的人先学正一经法，再学洞渊或太玄经法、洞神经法、升玄经法、洞玄经法，最后也是最高级别的是洞真上清经法。

学习正一经法的叫正一弟子、正一法师；学习太玄经法的叫高玄弟子、高玄法师；学习灵宝经法的叫灵宝弟子、灵宝法师等。）

进香拜祭等程序结束后，面对神位，背对着人群，白居易用高亢饱满的声音诵读他的《祈皋亭神文》：

> 维长庆三年，岁次癸卯，七月癸丑朔，十六日戊辰，朝议大夫、使持节杭州诸军事、守杭州刺史、上柱国白居易，以酒乳香果昭告于皋亭庙神：去秋愆阳，今夏少雨，实忧灾诊，重困杭人。居易忝奉诏条，愧无政术；既逢愆序，不敢宁居。一昨祷伍相神，祈城隍祠，灵虽应期，雨未沾足。是用撰日祗事，改请于神。恭闻明神：禀灵于阴祇，资善于释氏；聪明正直，洁靖慈仁；无幽不通，有感必应。今请斋心虔告，神其鉴之。若四封之间，五日之内，雨泽霈足、稼穑滋稔；敢不增修像设，重荐馨香，歌舞鼓钟，备物以报？如此，则不独人之福，亦惟神之光。若寂寥自居，肸蚃无应，长吏虔诚而不答，下民颙望而不知，坐观田农，使至枯悴；如此，则不独人之困，亦唯神之羞。惟神裁之！敬以俟命。尚飨。

这是一篇非常有趣的祈神文，白居易把神灵看作生活中的一部分，神灵并不高高在上，因为在祈文中白居易说，在此前一日曾"祷伍相神，祈城隍祠，灵虽应期，雨未沾足"。

那边的两个神灵没有满足人们的要求，所以我们改请于皋亭神。

他的言下之意也许是：皋亭神啊，如果你不满足我们的要求，那么我们走着瞧吧！

白居易在祈文中又和皋亭神说，如果你不能解决下界百姓的这个要求，是你这个神仙的耻辱啊！这都用上激将法了，也许，请不如激！

牛僧孺恰逢其会，白居易请他上山也不是没有目的的，牛僧孺的书法独树一帜，于是请其在祭神仪式结束后书写了祈文，刻在石碑上，勒石于祭祀之处。这石碑现在已无从查考，大约毁于战争和时间。

但雨一直没有下来，杭州城的人心更为焦虑，这个神不行我们再换个神吧。于是半个月后，到了八月二日，白居易祭黑龙神："若三日之内，一雨滂沱，是龙之灵，亦人之幸。"（《祭龙文》）

在这祈文中，白居易说，答应吧，神，你难道没有需要我帮忙的事情吗？

可见，神和白居易自己是平等的，人有求于神，神也有求于人，人与神休戚与共，同耻同荣。

但神灵们大概是出门走亲戚了，或者对于他们而言，人间的这点疾苦算不了什么，他们是高高在上的神明，有理由漠视这一切。

深夜无眠，白居易并没有秉烛夜游的兴致，他翻阅着史书，越看越是心惊，历史上旱涝天灾，庄稼无收，百姓因之流离失所，有食山中蓬草、剥吃树皮、吃观音土的。而《汉书·武帝纪》中的记载更为恐怖：元鼎三年（前114），"夏四月，雨雹，关东郡国十余饥，人相食"。

这样的场景深藏在白居易的少年记忆里，没有那么惨烈，但世道的艰辛也仿佛，他的弟弟金刚奴就是在逃难过程中夭折的。

5

屋漏偏逢连夜雨。

在祭完黑龙神后，雨还是没有下，土地像是一张委屈而焦渴的嘴，等待着甘霖降落。

余杭县又出事了，原来一直在山中与人相安无事的猛虎下山伤人了，而且发生多起，百姓人心惶惶。常师儒急匆匆到州衙禀告此事时，也是焦头烂额。

两人商议了下，白居易一方面派驻军去搜寻捕猎，一方面写了《祷仇王神文》：

……尝闻神者，所以司土地，守山川，率禽兽，福生人也。余杭县自去年冬迄今秋，虎暴者非一，神其知之乎？人死者非一，神其念之乎？居易与师儒猥居牧宰，惭无政化，不能使渡江出境，是用虔告于神。惟神庙居血食，非人不立。则人，神之主也，兽，神之属也。今纵其属，残其主，于神何利焉？于人何辜焉？若一昔之后，神其有知，即能辉灵申威，服猛禁暴，是人之福幸，亦神之昭昭；若人告不闻，兽害不去，是无神也，人何望哉？呜呼！正直聪明，盍鉴于此。尚飨。

在白居易多次的祈神中，这一次驱虎的祈祷好像成功了，也许是搜寻捕猎的行为让老虎感觉到了危险，反正老虎就此在余杭县失去了踪迹。

但神灵们却没有听见白居易最为迫切的心声：下雨。到了知天命之年的白居易，心里清楚，天帮忙难求，人努力才是出路。

如果说已经在建造的湖堤是为了调节水之丰枯，那么此时，在这样一个缺水的季节，他先解决民生吧。

四十年过去了，由于地下引水管道多年没有维护，作为饮用水源的六井常常淤塞，水流不畅，影响了城内的供水。白居易在六井之间来回考察，在小方井处，他看见一个老太太俯着身子在井口探看，又在失望中蹒跚走远。风起，井边的落叶，单薄、无助，瞬间被吹得无影无踪。

这么好的一个利民工程难道就这样废弃了？白居易心如刀绞，难道李泌能做的事他白居易不能做吗？李泌在刺史的任上可以做到的事，白居易就不能吗？

他给元稹等好友写信说，这年的秋冬季节，他要继续李泌留下来的任务，治理西湖，疏通六井。

缺钱，依然是从自己的俸禄里拿出，依然去化缘。

缺人，州衙里的官吏先顶上，自己首先做榜样，再发动民众。

当重新疏浚六井的工程开始时，那一年的杭州是一个大工地：城市与西湖的接壤处，疏通六井的工程浩浩荡荡；在下湖和上湖的交界处，湖堤的工程方兴未艾。

在这一年的十二月，下一个春节到来之际，杭州百姓又一次享用到了清洁纯净的淡水，白居易看着提水的百姓，颇有些飘飘然，他的内心有一个声音，是说给当年的顾况听的：我没有辜负你的期待。

白居易用这样一种方式，来尊敬李泌、怀念李泌。

客观上去看，李泌开凿六井，白居易疏通六井，为杭州的繁荣和发展创造了条件。这六井遗迹，有的至今犹存，而在唐宋诗文里，这清泉一直流淌着。

第十二章

就中最爱霓裳舞

江南忆，最忆白乐天　HANG ZHOU

1

到了春节时，江南的雨开始没完没了地下起来。

雨从除夕那晚一直下，仿佛是对823年旱情的补偿，下着下着，过了上元节，州衙开始上班后，白居易和一

山色空蒙

众僚官看着密集的雨水开始发愁，雨本来能够催生诗意，但总这样下着就没有写诗的心情了。民生之多艰，雨继续下，江南这一年春天的洪涝不可避免。

白居易喟叹，居庙堂之高，是不知民间之疾苦的。当真正成为地方官的时候，作为一州之长，他殚精竭虑，但依然有着无能为力的沮丧感。正好在元日，苏州刺史李谅寄诗给元稹和他，白居易和诗《苏州李中丞以〈元日郡斋感怀诗〉寄微之及予辄依来篇七言八韵走笔奉答兼呈微之》尚未寄出，他给大家吟诵了一遍："白首余杭白太守，落拓抛名来已久……老去还能痛饮无，春来曾作闲游否……莫嗟一日日催人，且贵一年年入手。"

对年华老去的叹息并没有完全抹去白居易的儒家心怀，在这首诗里，有着珍惜当下的劝谕，当珍惜一年开始的时光啊！

闻弦歌而知雅意，崔求说："大人放宽心，好在去年开始修建的湖堤已起到了作用，上湖水满，但并没有蔓延开来。"

这无疑是春寒中的一缕阳光。

白居易略略振奋了精神，算起来，这已经是到杭州的第三年了，按照唐律，明年，他将离开杭州，至于未来的去处，大概是要回到帝都，但他个人喜欢的是去东都洛阳，他有点疲倦了。

这个时候，正好朝廷的邸报送至，白居易打开，脸色大变，黯然涕下，他环顾左右说："皇上殡天了。"殷尧藩、萧悦、卢贾等人相顾失色，尽管他们对唐穆宗并不熟悉，但听到这个消息，依然觉得仿佛偌大帝国没了主心骨。

唐穆宗即李恒，是宪宗的第三子，起初封建安郡王，后进封遂王，元和七年（812）立为太子。820年即位后，却是爱热闹的，耽于宴游，对国事不以为意，朝中党争日炽，朝外幽州、相州、镇州兵变相继发生，到了白居易来杭州的822年，因为击球致病，早已不理朝政。

邸报送达之后，长安有友人私信告诉白居易，穆宗是听信术士妖言，服食金丹后暴病而亡，这也是皇帝花样死法中比较常见又在史书中讳莫如深的一种。穆宗是唐朝历史上一个存在感较弱的皇帝，他的死，除了一时的波澜外，并没有引起帝国更多的问题，早已开始监国的太子李湛继位，年十六岁，即为唐敬宗。

庞大的国家机器以它的规律运作着，这正如在杭州府稠密的春雨中，工作也在有条不紊地展开着。

2

是日夜，白居易在心烦意躁中喝了点酒，阿罗说："阿耶，你怎么了？"

白居易抱着阿罗，窗外的雨声让他心烦，雨打在屋檐的瓦片上，发出冗长而单调的声音，白居易终于体会到了江南雨季的烦恼，如果他只是单纯的一个诗人，也许这样的雨声会催发他的灵感，可惜他还负担着这一州子民的生计。

放下阿罗，白居易问："我教你琴可好？"

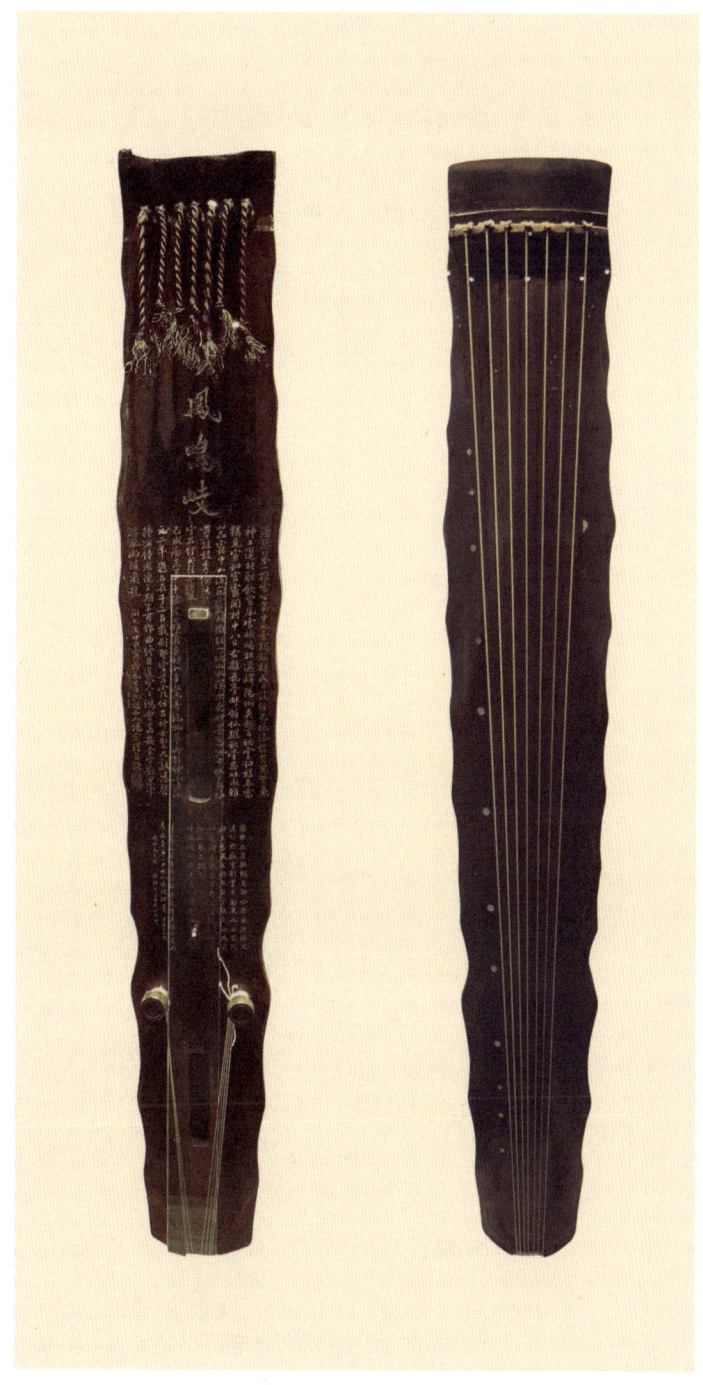

唐"彩凤鸣岐"七弦琴 浙江省博物馆藏

阿罗说:"好,我喜欢听阿耶抚琴。"

白居易牵着阿罗的手到了书房,跪坐在案几前,把他喜爱的七弦琴置于案几上,轻抚琴弦。白居易不止一次和好友说过,他的一生有三种酷爱。好友问:哪三种?白居易答:诗、酒、琴。诗是他一生的武器,伴随着他抵抗岁月中日渐浮上的虚无。而琴,则更像是一个朋友守护着他,白居易常常引用汉代《风俗通义》里的话说琴:"雅琴者,乐之统也……以为琴之大小得中,而声音和,大声不喧哗而流漫,小声不湮灭而不闻,适足以和人意气,感人善心。"

"七弦为益友,两耳是知音。"(《船夜援琴》)这两句诗大概最能代表白居易对琴的感受了。夜静之时,月白风清,焚香默坐,神思寂寥,此刻,就如他在《清夜琴兴》中所描绘的一样:"月出鸟栖尽,寂然坐空林。是时心境闲,可以弹素琴。清泠由木性,恬淡随人心。心积和平气,木应正始音。响余群动息,曲罢秋夜深。正声感元化,天地清沉沉。"

但此时抚琴,更多的恐怕是"入耳淡无味,惬心潜有情。自弄还自罢,亦不要人听"。(《夜琴》)他是为自己寻找一个宣泄的口子,人即将垂垂老去,胸中的那团火却还在烧,还没有在人世的争斗中成为灰烬,唯有在琴音中,他犹如进入禅定的境界,得大欢喜。到了晚年,他在《醉吟先生传》中给自己画下了这样一幅肖像:"酒既酣,乃自援琴,操宫商,弄《秋思》一遍。"

雨夜里,白居易的手翻飞如蝶,阿罗侧头看着父亲,这琴曲像雨声一样缠绵着,慢慢盖过了雨声,在幽暗的烛光摇曳中,仿佛一种命运的荡漾。阿罗此时七岁,其实并不懂曲调中蕴藏的含义,但她听得入神,被这萦绕于室的弦音所打动。

或快，或慢，或舒缓，或急遽……白居易对音乐的感悟完全是出于喜欢，让自己在天长日久的时间里有个消遣，但他的领悟力有着独到之处，也是这种感悟，让他在贬为江州司马之时，在送别友人之际，听到浔阳江头的琵琶声，写下了千古惊艳的《琵琶行》。

而酒和琴和诗本就为一体，酒能佐诗，也能佐抚琴之兴致："琴匣拂开后，酒瓶添满时……未及弹与酌，相对已依依。"（《对琴酒》）

像今晚这样在寂寞中的弹奏，薄酒一杯是恰到好处，人生的有些阑珊，只可意会不可言传，就像再过十多年后，人到晚年的白居易，在《夜凉》中如此表述："露白风清庭户凉，老人先着夹衣裳。舞腰歌袖抛何处，唯对无弦琴一张。"

一曲既了，白居易见阿罗恋恋不舍，便抱她起来坐在膝上，大手拉小手，温言说，阿耶教你，看，这里，这里……

小小柔弱的手触摸着琴弦，发出清澈之音。

阿罗对琴的喜欢让白居易颇为欣慰，他自己把琴当作天籁中的知音，比如在《废琴》中他写："废弃来已久，遗音尚泠泠。不辞为君弹，纵弹人不听。"世人多浅薄和鄙俗，纵有满腹的才华，也得有人欣赏啊。

白居易这时候没有想到的是，因为他对音乐的爱好，杭州历史上第一次的大型歌舞演出就要呈现在世人面前。

3

下了近一个月的雨终于停了，这对从旱灾直接进入涝灾的杭州郡而言，无疑是一件特大的喜事，但白居易和一众属官甚至来不及表达高兴之情，就匆匆组织人抢修湖堤去了。

"不知细叶谁裁出，二月春风似剪刀。"

白居易很固执地以为，贺知章的这首诗，写的一定是西湖边的柳，尽管贺知章是越州人，但白居易觉得，只有看到西湖边的柳枝才能写出这样的诗。

到了二月中旬，湖堤基本竣工，剩下的工程指日可待。

白居易和萧悦聊天的时候突然说起，李泌凿六井，对杭州的民生有着那么大的提升，但那么好的水利工程却人走茶凉。言语间有些唏嘘。

萧悦说："每一任的刺史都有自己的想法，施政方向各有不同，有些刺史也不关心民生，他们就是做一天和尚撞一天钟。"

白居易思忖："能不能有个长久的方法？"

这天晚上，州衙的后院又响起悠扬琴声，在这种音乐的沉浸中，一些想法渐渐成熟，当白居易的手从琴弦上划过之际，他突然冒出一个主意，一个能够让这项惠民工程延续下去的方法。

第二天，他把殷尧藩、萧悦等人叫在一起商议，这并不多见。在白居易担任杭州刺史的这三年，多数事情白居易喜欢简单直接的沟通，就是与具体做事的人沟通，像这样把州衙中分管各摊的官员集中在一起讨论，势必是要做一件大事。

果然，如殷尧藩等人所想的一样，白居易宣布要做一件前无古人的大事。尽管在这两年的相处里，他们对白居易的性格和处事方式有所了解，但对于白居易这个天马行空的想法，众人甫一听到，还是嘴巴都张得可以塞下一个鸡蛋。

白居易说，他要把在帝都十分流行的《霓裳羽衣舞》放到杭州来。对这个舞蹈，白居易是情有独钟，他常常对人说：千歌百舞不可数，就中最爱霓裳舞。

殷尧藩有些犹豫，说得委婉，但意思是明确的："这个舞蹈在大庭广众之下是否合适？"

萧悦从另外一个角度提出，杭州没有人会这个舞蹈。

白居易呵呵拈须微笑，他说："玲珑、谢好、陈宠、沈平她们的歌舞都为一时之选，再挑上一些乐伎，我亲自给她们排练。"

下属们见白居易心意已决，也没有过多纠缠，这或许也是得益于大唐风气的开放。殷尧藩、萧悦虽然生性跳脱，但总觉得此举有辱斯文，私下又去向白居易建言，白居易说："此舞当在防护堤落成之时与民同乐，这么好的舞蹈才能对得起这么好的山水！"

他有些想法没和殷尧藩、萧悦两人说，他要在这场万众瞩目的歌舞会上宣布一些事情，且让这些他所宣布的事情，在杭州能够成为一种规矩，他现在先不告诉他们，等到答案公布之时，他们应能体会到他的一片苦心。

那么，白居易说的《霓裳羽衣舞》是个什么？简单来说，就是后世的舞台剧。在大唐盛世之时，由于国力强盛，北方、西域很多地方纷纷内附，成了大唐的领土，这种融合也带来了西域的音乐，羯鼓、琵琶、羌笛等纷纷涌入唐人的视线，而《霓裳羽衣舞》便是在这些乐器加盟下的综合体现，由喜欢音乐的唐玄宗所创。

《霓裳羽衣舞》大抵成曲于公元718年前后，是唐玄宗根据河西节度使杨敬述进献的《婆罗门曲》所改编，一开始仅在宫里表演，开元二十八年（740），杨玉环在华清池始承恩泽时，风流倜傥的玄宗就曾经排演此曲。张祜有诗描述了当年的盛况："天阙沉沉夜未央，碧云仙曲舞霓裳。一声玉笛向空尽，月满骊山宫漏长。"

上有所好，下必效焉，《霓裳羽衣舞》在开元、天宝年间盛行一时，由于《霓裳羽衣舞》乐调优美，构思精妙，天宝之乱后，各藩镇也纷纷排演此曲。

那么，被大家所青睐的《霓裳羽衣舞》讲的是什么呢？是一个世间至尊（唐玄宗自己）向往神仙而去月宫见到仙女的神话，舞蹈、音乐、服饰，都努力呈现出虚无缥缈的仙境和舞姿婆娑的仙女形象，全曲共三十六段，分散序（六段）、中序（十八段）和曲破（十二段）三部分：散序为前奏曲，全是自由节奏的散板，由磬、箫、筝、笛等乐器独奏或轮奏，不舞不歌；中序又名拍序或歌头，是一个慢板的抒情乐段，中间也有由慢转快的几次变化，按乐曲节拍边歌边舞；曲破又名舞遍，是全曲高潮，以舞蹈为主。

整体而言，就是用歌、舞、器乐演奏表现出道教的

第十二章 就中最爱霓裳舞

唐代乐舞图（局部）

179

神仙故事。

凡人求长生，尽管并不能真的长生，但沉浸于艺术中依然是一种对焦灼灵魂的安慰。整个剧目演下来，大概要用到艺人三十名，歌唱者多名。唐玄宗被奉为梨园祖师爷，当年亲自教梨园弟子演奏，所以白居易对教歌姬们排练此曲毫无心理障碍。

在排练中，因为相互之间需要配合，一开始闹了不少笑话，但商玲珑等原本就是心思剔透灵敏之人，很快配合得丝丝入扣。

在殷尧藩、萧悦等人后来的回忆中，这场西湖防护堤落成的盛景，成为他们一生津津乐道的事件之一。三月惠畅的春风里，人流如织，人们围作一圈，而商玲珑拨弄着箜篌，谢好弹筝，陈宠演奏觱篥，沈平吹笙……都是平常就熟悉的杭州歌姬，但到了这表演场所，一个个变得陌生而不平凡，观者一阵阵喝彩，没有人说这个曲目是污秽，是有伤风化的，它带给杭州百姓的，是视觉和情绪上的一种美妙享受。

这个时候，他们中有人才恍然大悟，白居易平常带他们出去时，常常把"唯化州民解咏诗"这句话挂在口头，这不是出于一个诗人的自矜，而是出于对文化生态的一种建设。

就像白居易写诗，传说中要让市井街头的老太太都能够理解，这当然是一种夸张的说法，或者只是白居易诗歌创作中的一部分指向罢了，但从中可以看到白居易的关注点，他要用文字润物细无声。

4

在那场人声鼎沸的落成仪式上，白居易又出大招。西湖边依旧桃红柳绿，燕子如剪刀在湖面上飞掠，在这春风中，白居易没有喝酒，却已微醺，他挥毫写下《钱唐湖石记》一文，让石匠刻成石碑，立在湖岸上：

钱唐湖事，刺史要知者四条，具列如左：钱唐湖一名上湖，周回三十里。北有石函，南有笕。凡放水溉田，每减一寸，可溉十五余顷；每一复时，可溉五十余顷。先须别选公勤军吏二人，一人立于田次，一人立于湖次，与本所由田户，据顷亩，定日时，量尺寸，节限而放之。若岁旱，百姓请水，须令经州陈状，刺史自便押帖，所由即日与水。若待状入司，符下县，县帖乡，乡差所由，动经旬日，虽得水而旱田苗无所及也。大抵此州春多雨，夏秋多旱，若堤防如法，蓄泄及时，即濒湖千余顷田无凶年矣。《州图经》云：湖水溉田五百余顷，谓系税田也，今按水利所及，其公私田不啻千余顷也。自钱唐至盐官界，应溉夹官河田，须放湖入河，从河入田，准盐铁使旧法，又须先量河水浅深，待溉田毕，却还本水尺寸。往往旱甚，即湖水不充。今年修筑湖堤，高加数尺，水亦随加，即不啻足矣。脱或不足，即更决临平湖，添注官河，又有余矣。虽非浇田时，若官河干浅，但放湖水添注，可以立通舟船。俗云：决放湖水，不利钱唐县官。县官多假他词，以惑刺史。或云鱼龙无所托，或云茭菱失其利。且鱼龙与生民之命孰急？茭菱与稻粱之利孰多？断可知矣。又云放湖即郭内六井无水，亦妄也。且湖底高，井管低，湖中又有泉数十眼，湖耗则泉涌，虽尽竭湖水，而泉用有余；况前后放湖，终不致竭，而云井无水，谬矣！其郭中六井，李泌相公典郡日所作，甚利于人，与湖相通，中有阴窦，往往堙塞；亦宜数察而通理之。则虽大旱，而井水常足。湖中有无税田，约十数顷：湖浅则田出，湖深则田没。田户多与所由计会，盗泄湖水，以利私田。其石函、南笕，并诸小笕闼，非浇田时，并须封闭筑塞，数令巡检，小有漏泄，罪责所由，即无盗泄之弊矣。又若霖雨三日已上，即往往堤决。须所由巡守预为之防。其笕之南，旧有缺岸，若水暴涨，即于缺岸泄之；又不减，兼于石函、南笕泄之，防堤溃也。大约水去石函口一尺为限，过此须泄之。予在郡三年，仍岁逢旱，湖之利害，尽究其由。恐来者要知，故书于石。欲读者易晓，故不文其言。长庆四年三月十日，杭州刺史白居易记。

白居易这是将治理湖水的政策、方式与注意事项融于一文，供后人知晓、借鉴，对后来杭州的湖水治理有很大的影响，用白话文来说大致的意思是：

"钱唐湖又名上湖，周围三十里。北面有石函桥闸（注：前杭州刺史李泌所筑石函桥、石函闸。位于今望湖楼东、保俶路口），南面有笕决湖。大凡放水灌溉田地时，湖面水位每降低一寸，可以灌溉十五顷有多；每一昼夜，可以灌溉五十多顷。灌田之前需要挑选两个官吏，站在农田和湖边，会同本地农户，根据农田的面积，约好放水的时间，算好放水的尺寸，限量放水。

"如果遭遇旱年，百姓请求放水，必须让他前往州衙递交状纸，刺史立即批给地界，当天放水。如果等待状纸交上州府所属的各个部门，州府的公文下达到各县，县里再发到各乡，乡里再派遣所属地界的小官，动不动就要十来天，即使得到了水，早已来不及了。

"杭州这个地方，往往春天多雨，夏秋干旱，如果堤防修筑得合乎规格，雨季及时蓄水，旱季及时放水浇田，那么钱唐湖附近的一千多亩农田就不会有荒年了。从钱唐到海宁盐官镇，应该依靠运河灌溉的农田，必须放湖水入河，河水入田。按照盐铁转运使的老规矩，又必须首先量好河水的深浅，等农田灌溉完后，使运河水位还原。

"往往干旱严重的时候，湖水就不足。今年修筑了湖堤，加高了好几尺，蓄水量随之增加，应该差不多够用了。如果不够用，就再挖开临平湖，使湖水流入运河，就可以用之有余了。

"民间传说放湖水对钱唐县官不利，所以县官就常常找借口来迷惑刺史，有的说鱼龙无处藏身，有的说不利于茭白、菱藕的生长。然而鱼龙与百姓的生命相比，哪一个更重要呢？茭白、菱藕与稻米相比，哪一个对州人利处更多呢？这样想，就清楚明白了。

"又有人说如果放掉湖水，城里六井就没水了，这也是荒谬的。湖底高，井管低，湖里又有十眼泉水，湖水耗损了，泉水就涌出，即使湖水用完了，泉水也用不完。况且前后放湖水，最终都不至于会放完，却要说井里没水，这太荒谬了！城里的六井，是当年李泌在杭州开凿的，对百姓大有好处。它与钱唐湖相通，其中有下水道，时常阻塞，也要经常检查疏通它们才好。如此即使遇到大旱，井水总是充足的。

"湖里有十几顷无税田，湖水浅了，田地就露出；湖水深了，田地就淹没。田户常常与主管的官员互相勾结，偷偷泄走湖水，以使私田得利。石函桥闸、筧决湖和各小水管出口，在不浇田时，都必须封闭堵严，经常巡视检查，但凡有一点小小的泄漏，就追究主管官员的责任，这样就不会有盗泄湖水的问题了。再有如果遇到接连三天以上的雨，往往容易溃堤，必须由主管官员巡守，做好预防工作。笕决湖南面，岸堤过去就有缺损，如果遇到洪水暴涨，就要在缺损处泄洪。水位仍然不下降，就要兼用石函桥闸和水管同时泄水，以防溃堤。

"我在杭州三年，连年遇到旱灾，湖水的益处和灾害，都弄清了缘由。想到后人也应该知道，所以写在石上。想到要读者容易知晓，所以不用艰涩的文言。"

白居易的这个"记"，没有什么夸大和吹嘘的成分，在他组织人员建高湖堤，修筑堤坝水闸后，湖水容量增加了，钱塘（今杭州）、盐官（今海宁）之间数十万亩农田的灌溉问题得以解决。白居易还规定，西湖的大小水闸、窦门在不灌溉农田时，要及时封闭；发现有漏水之处，要及时修补。

5

在欢声笑语的西湖边，白居易宣布，今年是他任杭州刺史的最后一年，在他离开之前，他决定把在杭州刺史任上官俸的一部分留在州库之中作为基金，以供以后的官员在紧急时调用周转，事后再补回原数。

这就是当时他没和殷尧藩、萧悦两位说的，下属的俸禄都不高，他怕他们学他来捐赠。

根据史书上的记载，这笔公益基金一直运作到唐末黄巢之乱，黄巢占据杭州时，州衙中的文书多因焚烧散失，这笔基金才不知去向。而白居易任上所修筑的这条位于西湖东北部的防护堤，到明朝时依然存在，除了是水利设施之外，同样也慢慢成为一条交通要道。

一湖烟雨一湖春

之后岁月变迁，沧海桑田，这堤不复存在，但人们把西湖上出现在白居易诗中的那条白沙堤当作了一个象征。

这一晚白居易酒喝得酣畅，有了七八分的醉意，下属们把他扶回州衙，他酣然卧于榻上，有宛如童子般的笑容。酒后口干，黎明前白居易醒转，白杨氏和阿罗还在睡梦中，他披衣起来喝了点水，窗外星光灿烂，白居易没了睡意，想到昨天的盛况，提笔写下了《霓裳羽衣歌》，为他最爱的舞曲作诗传。

霓裳羽衣歌

我昔元和侍宪皇，曾陪内宴宴昭阳。
千歌百舞不可数，就中最爱霓裳舞。
舞时寒食春风天，玉钩栏下香案前。

案前舞者颜如玉，不著人家俗衣服。
虹裳霞帔步摇冠，钿璎累累佩珊珊。
娉婷似不任罗绮，顾听乐悬行复止。
磬箫筝笛递相搀，击擪弹吹声逦迤。
散序六奏未动衣，阳台宿云慵不飞。
中序擘騞初入拍，秋竹竿裂春冰坼。
飘然转旋回雪轻，嫣然纵送游龙惊。
小垂手后柳无力，斜曳裾时云欲生。
烟蛾敛略不胜态，风袖低昂如有情。
上元点鬟招萼绿，王母挥袂别飞琼。
繁音急节十二遍，跳珠撼玉何铿铮！
翔鸾舞了却收翅，唳鹤曲终长引声。
当时乍见惊心目，凝视谛听殊未足。
一落人间八九年，耳冷不曾闻此曲。
湓城但听山魈语，巴峡唯闻杜鹃哭。
移领钱唐第二年，始有心情问丝竹。
玲珑箜篌谢好筝，陈宠觱篥沈平笙。
清弦脆管纤纤手，教得霓裳一曲成。
虚白亭前湖水畔，前后只应三度按。
便除庶子抛却来，闻道如今各星散。
今年五月至苏州，朝钟暮角催白头。
贪看案牍常侵夜，不听笙歌直到秋。
秋来无事多闲闷，忽忆霓裳无处问。
闻君部内多乐徒，问有霓裳舞者无？
答云七县十万户，无人知有霓裳舞。
唯寄长歌与我来，题作霓裳羽衣谱。
四幅花笺碧间红，霓裳实录在其中。
千姿万状分明见，恰与昭阳舞者同。
眼前仿佛睹形质，昔日今朝想如一。
疑从魂梦呼召来，似著丹青图写出。
我爱霓裳君合知，发于歌咏形于诗。
君不见，我歌云：惊破霓裳羽衣曲。

又不见，我诗云：曲爱霓裳未拍时。
由来能事皆有主，杨氏创声君造谱。
君言此舞难得人，须是倾城可怜女。
吴妖小玉飞作烟，越艳西施化为土。
娇花巧笑久寂寥，娃馆苎萝空处所。
如君所言诚有是，君试从容听我语：
若求国色始翻传，但恐人间废此舞。
妍媸优劣宁相远？大都只在人抬举。
李娟张态君莫嫌，亦拟随宜且教取。

第十三章 病瘦形如鹤

1

《霓裳羽衣舞》带来的震撼，犹如钱塘江汹涌的潮水余波荡漾，但这场演出的创导者，杭州刺史白居易却病倒了。病来如山倒，病去如抽丝，三月阳春剩下的日子基本缠绵于床榻，但白居易是个操心的，并没有不理州事，而是在病床上牵挂和指挥。好在经过这两年的磨合，他和手下这些幕僚和属官的配合已经非常流畅。

殷尧藩、周元范等人到州衙后院，向白居易报告了近日的事务之后，退出来已是中饭时间，州衙有专门烧饭的人。

他们聚在一起吃饭，虽然有"食不言寝不语"的说法，但同僚之间不可能没有交流。周元范说："白公太操心了，他到杭州这一任做的事要几任刺史才能完成。"

刘方舆说："瞧白公现在的样子，形如瘦鹤，飘飘如谪仙人。"

殷尧藩说："我们大唐立国以来，刺史复刺史，但每一任下来，像白公这样能够千古留有美名的会有几个？"

众口纷纷，除了我们前面提到过的李泌等人外，还有一些刺史为他们津津乐道。

事实上，终唐一朝，杭州一共有99位刺史，但在人们的记忆中留下传奇的并不多。

崔求说："前刺史刘晏堪比白公。"他的理由是刘晏少年聪慧，他的故事和李泌有点相似，后来同样也出现在《三字经》中："唐刘晏，方七岁。举神童，作正字。彼虽幼，身已仕。尔幼学，勉而致。有为者，亦若是。"

刘晏七岁时就名噪天下，举"神童"，到了八岁，唐玄宗封禅泰山，刘晏进献《颂》，唐玄宗召见后，龙颜大悦，授秘书省太子正字。崔求又说了刘晏十岁时的逸事：

"玄宗御驾勤政楼，大张鼓乐百妓，罗列教坊，有王大娘者，能戴百尺竿，竿施木山状，瀛洲、方丈，令小儿持绛节出入歌舞。这时刘晏被玄宗召于楼中，使贵妃施粉黛如巾栉，打扮停当，玄宗目视刘晏发问，正字，正得几字？刘晏答道：天下字皆正，唯有朋字未有正得。"

此话一语双关，不仅说出了"朋"字的字形结构特点，还寓意深刻地指出了朋党相互勾结的时弊，十岁能够这样字谏君王，不免令人赞叹。接着刘晏现场作诗："楼前百戏竞争新，唯有长竿妙入神。谁谓绮罗翻有力，犹自嫌轻更着人。"

唐玄宗、杨贵妃等人一片赞颂。为此，唐玄宗赏赐了刘晏一制象牙笏和一领黄纹袍，而十岁的年龄能得君王这般看重，刘晏名噪一时。

刘晏长大后依然才华出众，经历过安史之乱，后历任吏部尚书，同平章事，领度支、铸钱、盐铁等使，封彭城县开国伯。刘晏在至德元年至二年（756—757）任杭州刺史期间，全力协助江南东路探访使李希言抵拒李璘，并加强战备，坚守杭州，为人所称道。到了大历年间，先与户部侍郎第五琦分管全国财赋，后与户部侍郎韩滉分领关内、河东、山东、剑南道租庸、青苗使。大历十三年（778），升为尚书左仆射。唐德宗即位后，刘晏总领全国财赋。

但在建中元年（780），因他人谗害，被敕自尽。家中所抄财物唯书两车，米麦数石而已。直到贞元五年（789），唐德宗追赠刘晏为郑州刺史，加赠司徒。

刘晏的往事让众人唏嘘不已，从刘晏活着的时候到现在，朝堂上的蝇营狗苟依然如故，党争间小动作不断。有一次酒喝到酣处，崔求问过白居易这个问题："白公与牛僧孺交好，而牛公僧孺和翰林学士李德裕交恶，相互倾轧已露端倪，这两位都是有能力的人，为什么不能和衷共济？为什么不能携手让大唐中兴？"

白居易良久没有出声，而后一声长叹，他何尝没有和牛僧孺谈过这个，去岁牛僧孺来江南，杯酒言欢之余，他试探着问过这个话题。牛僧孺说得很坚决，"夏虫不可以语冰"。

想必李德裕也是同样的想法吧。

作为好朋友的这一群人，白居易、元稹、李绅等分属于两大阵营，比如李绅就是李党的干将，元稹也和李党交好，而白居易从感情上倾向于牛僧孺。这让后人觉得难以理解，但政治的归政治，文学的归文学，或许，他们都很清楚自己的定位，甚至在政治理念上，两大阵营之间也并不矛盾，他们更多的就是彼此看不上。

但白居易此时还不知道，牛僧孺任宰相后，他与李宗闵共同排挤李德裕出朝，从此，牛李两党正式形成，而朝廷官员也就此分成两派，两派之间势不两立，你方唱罢我登场，很多的时间和精力都虚耗在了这种人事纠葛中。

从史料记载中可以看到，在唐文宗以后，牛李党争日趋激化。公元833年，李德裕以兵部尚书任宰相，李宗闵被排挤出朝为兴元节度使。公元834年，李宗闵回朝，李德裕又出为兴元节度使。武宗时，李党为实相，牛僧孺被贬往循州（今广东惠州市东北），李宗闵流放封州（今广东封开）。宣宗时，白居易的堂弟白敏中为宰相，李德裕贬死崖州（治今海南海口市琼山区东南）。

牛李党争，直到公元860年懿宗即位后才平息下来，长达四十年，而这场纠纷，也让白居易为之努力了一生的大唐耗尽了元气，滑入历史宿命般的深渊。

这是后话，暂且不表，在座的这几位日后都各有际遇。像殷尧藩后官至侍御史，他性好山水，曾说："吾一日不见山水……便觉胸次尘土堆积，急呼浊醪浇之。"足迹遍历晋、陕、闽、浙、苏、赣、两湖等地；像萧悦，在后世只是以唐朝中期的画家名世；像周元范，因着白居易，在《全唐诗》中占有一诗之地……

一顿工作餐，成为点评杭州刺史英雄榜的交流会。

因缘际会，他们此时共处一堂，一旦星散后，又有各自的去处，能够遇到白居易，或许是他们的造化，历史中他们的名字随着白居易的诗而流传于世。

2

到了三月底，白居易病有起色，这季节是杭州最好的时光，忍不住春光的诱惑，他携着阿罗，在西湖边徜徉，眼前的美景，总让他看不够，想到没有特殊的情况下，离任在即，白居易忍不住心下黯然。

好在有阿罗如解语花般的陪伴，白居易吩咐人叫了一艘画舫，带着阿罗在这山水中寻觅，去年此时，他写下的是《钱塘湖春行》，今年，他写下了《春题湖上》：

未能抛得杭州去，一半勾留是此湖

> 湖上春来似画图，乱峰围绕水平铺。
> 松排山面千重翠，月点波心一颗珠。
> 碧毯线头抽早稻，青罗裙带展新蒲。
> 未能抛得杭州去，一半勾留是此湖。

是啊，尽管只有短短的两年（横跨三个年度），但杭州和西湖早已是他身体里一座根深蒂固的城池，成为他一生中的一个符号。

黄昏时回到州衙，却有韬光禅师的书简召唤，约白居易和萧悦等人两日后去灵隐寺冷泉亭饮茶，说是茶人卢仝要过来，如果白居易病无大碍，不妨一聚。

白居易喜形于色，他在韩愈府上与卢仝有过一面之缘，其诗也妖娆，其人也冲淡。卢仝是卢照邻的嫡系子孙，早年隐于少室山，自号玉川子。他博览经史，工诗精文，却不愿仕进，人道其性格狷介，和孟郊相仿，但接触他的人又觉得他在狷介之外更有雄豪之气，又似乎是韩愈的气质。

卢仝是真正的不要名利，朝廷知其声名，曾两次征辟他为谏议大夫，他均推辞不受。韩愈十分推崇卢仝，曾写过长诗《寄卢仝》，赞誉卢仝的诗才和他贫贱不移的情操。卢仝的诗，想象怪谲、狂放荒诞，构思近乎散文，风格奇特，人称"卢仝体"。

白居易和韩愈的关系非常有趣，两人时远时近，既惺惺相惜，又相生相克，时常相互嘲讽，但基本的观点是一致的。

白居易和卢仝的一面之缘中，最投机的是对茶的爱好，唐人的茶道和我们今天的不同，程序繁多，大致可以分为备器、鉴赏茶饼、炙茶、碾茶、筛茶、候汤、投盐、舀汤、置茶兑汤、分茶、敬茶、闻茶、观色、品茶、谢茶等十六个步骤，这茶艺据说是从宫廷里传出来的，当年李白曾经为此写了《清平调》三首。

所谓"吃茶"，和我们后世的茶大相径庭，唐时是将茶与葱、姜、枣、橘皮、茱萸、薄荷等熬成粥吃。

文人间流行的茶道简单一点，但也分为备器、净手、焚香、礼拜、赏茶、鉴茶、鉴水、烹茶、闻茶、观色、谢茶等。而白居易在杭州时喝的禅茶，是佛教中的一种茶道，程序同样繁多，分为礼佛、净手、焚香、备器、放盐、置料、投茶、煮茶、分茶、敬茶、闻茶、吃茶、谢茶等。

饮茶已不仅仅是一种生活方式，而且还是一种境界，一种修身养性的方式。炒青绿茶这种制法，当时似乎已经出现，但还没有成为主流。

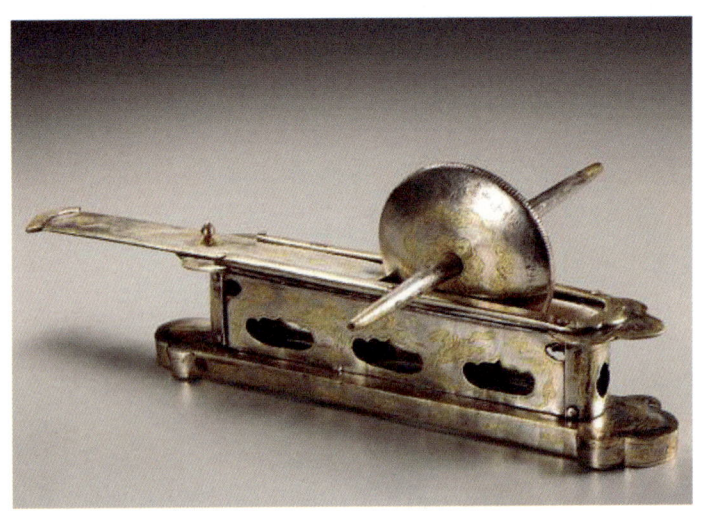

唐代茶碾

白居易的好友刘禹锡，写过一首脍炙人口的《西山兰若试茶歌》："山僧后檐茶数丛，春来映竹抽新茸。宛然为客振衣起，自傍芳丛摘鹰觜。斯须炒成满室香，便酌砌下金沙水。骤雨松声入鼎来，白云满碗花徘徊。悠扬喷鼻宿醒散，清峭彻骨烦襟开。阳崖阴岭各殊气，未若竹下莓苔地。"

而白居易恰好也是爱茶之人，说到茶，他喜欢用高僧皎然的诗来说明自己的感受："……一饮涤昏寐，情思朗爽满天地。再饮清我神，忽如飞雨洒轻尘。三饮便得道，何须苦心破烦恼……"

白居易写了给韬光禅师的回信，命下人送去，说他会准时赴约。

3

日高丈五睡正浓，军将打门惊周公。口云谏议送书信，白绢斜封三道印。开缄宛见谏议面，手阅月团三百片。闻道新年入山里，蛰虫惊动春风起。天子须尝阳羡茶，百草不敢先开花。仁风暗结珠琲瓃，先春抽出黄金芽。摘鲜焙芳旋封裹，至精至好且不奢。至尊之余合王公，何事便到山人家。柴门反关无俗客，纱帽笼头自煎吃。碧云引风吹不断，白花浮光凝碗面。一碗喉吻润，两碗破孤闷。三碗搜枯肠，唯有文字五千卷。四碗发轻汗，平生不平事，尽向毛孔散。五碗肌骨清，六碗通仙灵。七碗吃不得也，唯觉两腋习习清风生。蓬莱山，在何处？玉川子，乘此清风欲归去。山上群仙司下土，地位清高隔风雨。安得知百万亿苍生命，堕在巅崖受辛苦。便为谏议问苍生，到头还得苏息否？

冷泉亭上，儒衫飘飘的卢仝吟诵着他的茶诗《走笔谢孟谏议寄新茶》。

"一碗喉吻润，两碗破孤闷。三碗搜枯肠，唯有文字五千卷。四碗发轻汗，平生不平事，尽向毛孔散。五碗肌骨清，六碗通仙灵。七碗吃不得也，唯觉两腋习习清风生。"

白居易喃喃自语，这七杯茶好！此诗写的是，卢仝收到友人谏议大夫孟简赠送的上品阳羡茶，欣喜之余急于品尝，于是他紧闭柴门，煎茶独酌。

好一个茶客！看着秀逸出尘的卢仝，萧悦暗暗称赞，这卢仝后来写有《茶谱》，被人称为"茶仙"，与"茶圣"陆羽齐名。那几句被白居易重复吟诵的诗句正是后世所谓的《七碗茶歌》，东渡扶桑后，在日本广为传颂，并演变为"喉吻润、破孤闷、搜枯肠、发轻汗、肌骨清、通仙灵、清风生"的日本茶道。

调茶的小沙弥手法轻盈，有说不出的韵味，绿色的茶粉在水的氤氲下化开，温润如晨雾中的茶树，有它本色的绿意和生机，随着精致的茶筅不断搅拌，在细竹丝轻微的撞击下，杯中茶幻化出纯正的奶白色和丰富细密的泡沫。

饮一口，唇齿留香。白居易写过很多茶诗，茶于他而言，不过就是日常，"尽日一飧茶两碗，更无所要到明朝"；或者在睡醒时，"食罢一觉睡，起来两瓯茶"；或者在酒后，"满瓯似乳堪持玩，况是春深酒渴人"。

韬光禅师也凑趣吟诵了两句："平生无所好，见此心依然。"

第十三章 病瘦形如鹤

〔元〕钱选《卢仝烹茶图》

这两句诗正是来自白居易，白居易莞尔一笑，灵隐寺在这两年因为韬光禅师，已成为白居易的煮茶之地。

但也许，相较于茶，白居易可能更爱酒吧，不说"晚来天欲雪，能饮一杯无"对酒友的文雅邀请，在"就花枝，移酒海，今朝不醉明朝悔。且算欢娱逐日来，任他容鬓随年改""暖拥红炉火，闲搔白发头。百年慵里过，万事醉中休"这些诗句中对酒的痴迷也已表露无遗。

白居易三月里的这场病，和他的嗜酒也有一定的关系，《霓裳羽衣舞》成功演出后，那一晚他酩酊大醉，之后半夜又起来披衣写诗，春寒料峭，寒意入侵身体，这才生了这场大病。

如今大病初愈，白居易倍觉茶香，等过些时日，他又会忍不住酒的诱惑，到了晚年，他用《醉吟先生传》给自己画了张肖像。

白居易、卢仝、韬光禅师等人聊聊说说，不觉已到黄昏，吃了素斋后，已是月上柳梢头，春风和煦，几人颇为怡然。白居易和卢仝说起韩愈，白居易和韩愈之间原来的芥蒂早已消散，此时韩愈已回到帝都长安，任吏部侍郎。

两人没有想到的是，在这一年的十二月，五十七岁的韩愈病卒于长安。

白居易病体初愈，这场聚会早早散场，身在产茶的杭州，和卢仝的这次相聚无疑让白居易对茶有了更深的了解。

而闲云野鹤般的卢仝最终却死于人世间的阴谋，大约在十一年后，大和九年（835），在那场臭名昭著的"甘露之变"中，卢仝碰巧在宰相王涯家宴饮，后留宿王府，宦官仇士良率士卒捕杀王涯，卢仝同时遭难，挚友贾岛在《哭卢仝》中用两句诗为他盖棺定论："平生四十年，惟著白布衣。"

4

白居易给牛僧孺去信，询问了朝堂对他离任杭州刺史后的安排，之前他也向牛僧孺表达过自己的想法，他不想去长安卷入党争的是非，最好是去东都洛阳。

离任在即，和元稹、崔玄亮的《三州唱和集》也到了尾声。元稹来信说，他会在五月时渡江来杭州送行，而崔玄亮来信，邀请白居易去湖州参加当年庆祝贡焙完成的官方茶宴，白居易想想无法走开，就谢绝了。

不料这成为一个遗憾，到了第二年湖州官方茶宴时，白居易从洛阳到了苏州，任苏州刺史，却在踏青时落马摔断了腿，他遥闻羡想，又感怀伤春，写下了《夜闻贾常州崔湖州茶山境会想羡欢宴因寄此诗》："遥闻境会茶山夜，珠翠歌钟俱绕身。盘下中分两州界，灯前合作一家春。青娥递舞应争妙，紫笋齐尝各斗新。自叹花时北窗下，蒲黄酒对病眠人。"

四月之后，白居易一有时间就在杭州城转悠，或策马钱塘江，或饮茶寺庙间，或踏足白沙堤……

第十四章

十里沙堤明月中

江南忆，最忆白乐天 HANG ZHOU

1

半醉闲行湖岸东，马鞭敲镫辔珑璁。
万株松树青山上，十里沙堤明月中。
楼角渐移当路影，潮头欲过满江风。
归来未放笙歌散，画戟门开蜡烛红。

〔宋〕赵伯骕《万松金阙图卷》（局部）

春色阑珊，让人有懒散之意，身体已经大好的白居易，与几个好友在钱塘江边喝了点小酒，兴尽归家。此时钱塘江涛声起伏，沿江策马，江上渔火点点，月色如玄鸟之翅羽，沉浸于江中，而星辰匿迹。

一路疾驰到凤凰山北麓的万松岭下，耳畔依稀有报恩寺内做晚课的僧侣低沉的诵经声。报恩寺，白居易并不陌生，他有多次与寺僧品茗谈禅的经历，唐时上山之路并不容易，但到寺里落座后，却会觉得穿越山岭不虚此行，万松岭从地理位置上来说，面向云居山，背依凤凰山，左襟钱塘江，右带西子湖。

在报恩寺的开阔处俯瞰，其三面环山，尤其在西侧，有留月崖、芙蓉岩、圭峰、石匣泉等，奇石嶙峋，古藤虬结，泉水清冽。报恩寺中，主要建筑有舞风轩、万菊轩、浣云池、铜井等。

白居易去了几次，为答谢寺僧，也是真实所看见和感受的，他写了《咏浣云池》："白云本无心，舒卷长自洁。影落一鉴空，可浣不可涅。鸢飞鱼跃间，上下俱澄澈。此意难与言，览之自怡悦。"

云卷云舒，白云无心，而看者有心，犹如苍鹰搏空，鱼跃莲池，天地之间自是清澈澄明，少了世间的龌龊和污秽，自成小小的天地。

夜色里，万松岭上，报恩寺的钟楼、鼓楼、大雄宝殿等建筑掩映于松林和明月之间，此刻的明月如此剔透，仿佛是流动的光，松涛阵阵，也像是这月色所推动，而不是春风吹拂。

白居易思念起故人来，江湖风波恶，就在不久前，他的老友李绅，从户部侍郎被贬为端州司马，大抵又是牛党的手笔，仕途坎坷，也是一笔糊涂账。

白居易抬眼望这松林，立于山岗上的松树望过去深不可测，他在马上所急就的一首《夜归》，让这片长满松树的山岭从此叫作"万松岭"。

万松岭上的报恩寺，白居易曾经品茗谈玄的地方，在后来漫长的岁月中逐渐坍塌，直至只留下一个遗址，但万松岭的名字却一直留存了下来。数百年后，在明朝弘治十一年（1498），报恩寺的遗址上，万松书院拔地而起，后在清代康熙年间重建，袁枚便是在此地求学，而更有名的是相传此处为梁山伯与祝英台结缘之地。

这是白居易所未曾预见的了，我们后面会说到，杭州的月光一直笼罩在他的余生中，甚至让他的生命延长至千百年后，仿佛那一阵阵的松涛依然在为白居易而翻腾，仿佛是他吟诵着的抑扬顿挫之声。

到了五月初，也就是元稹所约定时间的前几天，白居易在杭州刺史之后新的任命辗转到来，为太子左庶子、分司东都。这个新的职位是白居易所想要的，他希望让自己休息，毕竟年岁不饶人，但没有想到的是，到东都洛阳赋闲了没多久，他又被起用到苏州刺史的位置上，这是后话。

另外一个消息是，元稹来的同时，长安故人王起正好也要到江南。王起是个有趣的人，之前白居易的堂弟白敏中在进士试上的故事已经说明了这一点（详见前文），而白居易和王起非常熟悉，在白居易外放为杭州刺史之前，他就和王起有过合作，更别说刘禹锡、王起、白居易三人之间的联句创作了。

新的任命到来以后，白居易彻底清闲下来了，他和白杨氏商量，计划在五月底出发去东都洛阳，这样有一个月的时间，白居易可以跟杭州的山山水水做一个告别。

2

长庆元年，也就是821年，主持当年贡举的礼部侍郎钱徽被弹劾，说他接受朝臣请托，"人以为滥"。于是唐穆宗让王起和白居易负责复试，淘汰了大量凭借关系考中的人，而王起此后为礼部侍郎。

在白居易到杭州的这两年，王起主掌贡举，广招人才，被评得士尤精，尤其是对寒门俊才多有简拔，此后也许是为了堵人口舌，王起奏请朝廷，在省试之后，先将及第进士的诗赋杂文呈交宰臣审阅，待其同意之后再下令当司放榜。朝廷允准此议。有人认为王起此举是逃避责任，因而王起被外放为河南尹（但其所建议的宰相详履制度并未废除）。

这次来江南正是外放的消息公布之时，王起也是为了散心，对这一外放当事者多少是郁郁的。

王起对后辈的提携为人称道，世称其为"当代仲尼"，也让受惠于他的学士对其感恩不尽，像姚鹄在中举后写过一首《及第后上主司王起》："三年竭力向春闱，塞断浮华众路歧。盛选栋梁非昔日，平均雨露及明时。登龙旧美无邪径，折桂新荣尽直枝。莫道只陪金马贵，相期更在凤凰池。"

王起官做得好，诗写得也不差，唐时的官吏文化素质都不低，这也是他们的基本功，能写到哪个程度就要看个人的天赋了。王起能够和刘禹锡、白居易联句而不逊色，他的文学才华便可知端倪，像他的一首《赋花》，便写得气象妖娆：

花。
点缀，分葩。
露初裛，月未斜。
一枝曲水，千树山家。
戏蝶未成梦，娇莺语更夸。
既见东园成径，何殊西子同车。
渐觉风飘轻似雪，能令醉者乱如麻。

白居易想到和王起、刘禹锡在长安联句时的场景，不由悠然神往。刘禹锡现在是夔州（今四川奉节县）刺史，也在今年结束这个任期。

联句，是当时流行的一种创作方式，实际上也就是一种集体创作，两人或多人共作一诗，联结成篇。最早的联句据说是汉武帝时的《柏梁台诗》，七言，全诗二十六句，分别由二十六人出句，一句一意，相联而成，每句用韵，后人又称其为"柏梁体"。陶渊明、鲍照、谢朓等人诗作中均有此种形式，大抵为一人作四句，并有较完整的意思。

到了白居易他们这个时候，文人雅士聚会，联句是经常的行为，韩愈等人喜欢用古体，而白居易与裴度、李绛、李绅、杨嗣复、刘禹锡、王起、张籍等人，大体用五言排律。一开始玩的时候并没有规矩，可以一人一句一韵，也可以两句一韵，甚至两句以上也行，依次而下，联成一篇。玩着玩着，大家玩出经验来了，开始一人出上句，继者须对成一联，再出上句，轮流相续，最后结篇。

联句一般见于茶宴或茶会，王起与刘禹锡、白居易联句时，长达数十韵，在长安城里成为"劲敌"。

萧悦等人好奇于当年白居易他们在长安的雅事，在酒席上询问，白居易不由回忆起当时的场景，像中唐文坛闻名遐迩的《喜晴联句》便出自他们三人。

那一年长安苦雨，春寒料峭，好不容易雨停了，王起、刘禹锡和白居易找了个茶楼喝茶，当时忘了是谁提议的，说枯坐无聊，不如联句写诗吧。白居易和刘禹锡同岁，王起恰好年长他们一轮，而白居易生辰比刘禹锡略小，三人联句，便由白居易起头。

白居易略一沉思，有了，他缓缓吟出："苦雨晴何喜，喜于未雨时。气收云物变，声乐鸟乌知。"

刘禹锡谦让，示意王起先，王起也不多客套，他知道这两位小兄弟的实力,看着窗外的远山,道出:"蕙泛光风圃,兰开皎月池。千峰分远近,九陌好追随。"

此时阳光透过窗棂照射进来,刘禹锡思索片刻,吟道:"白日开天路,玄阴卷地维。余清在林薄,新照入涟漪。"

白居易指指窗外的树:"碧树凉先落,青芜湿更滋。晒毛经浴鹤,曳尾出泥龟。"

王起接过这个话题:"舞去商羊速,飞来野马迟。柱边无润础,台上有游丝。"

刘禹锡有急智,迅速跟上:"桥净行尘息,堤长禁柳垂。宫城开晬睨,观阙丽罘罳。"

三人的吟诵之声惊动了茶楼其他茶客,人们纷纷簇拥过来,看他们的比试。看客中有眼尖的,指着他们说,那个就是"原上草"白居易,那个是写《竹枝词》的刘禹锡,那个又是"自怜岂是风引舟"的王起。

好在三人见惯了这种场面,也不会怯场,继续着这场联句。

白居易又道:"洛水澄清镜,嵩烟展翠帷。梁成虹乍见,市散蚁初移。"

王起略有迟疑:"藉草风犹暖,攀条露已晞。屋穿添碧瓦,墙缺召金锤。"

刘禹锡喝了口茶:"迥彻来双目,昏烦去四支。霞文晚焕烂,星影夕参差。"

湖光映远山

白居易微微停顿了下,口诵:"爽助门庭肃,寒摧草木衰。黄干向阳菊,红洗得霜梨。"

王起:"假盖闲谁惜,弹弦燥更悲。散蹄良马稳,炙背野人宜。"

刘禹锡:"洞户晨晖入,空庭宿雾披。推床出书目,倾笥上衣椸。"

白居易道:"道路行非阻,轩车望可期。无辞访圭窦,且愿见琼枝。"

这是到了尾声了,王起并不示弱:"山阁蓬莱客,储宫羽翼师。每优陪丽句,何暇觑英姿?"

刘禹锡结句:"玩景方搔首,怀人尚敛眉。因吟仲文什,高兴尽于斯。"

三人兴致盎然，这一场雅集也成为诗坛佳话。客观来说，以这种方式写诗，很难有出色的诗出现，但他们三人合作的这首《喜晴》，却有不少脍炙人口之句。

王起、刘禹锡和白居易的联句所流传下来的不少，萧悦等人也能吟诵一下，这让他们对元稹和王起的到来有了更多的期待。

3

到了约定的时日，白居易等人早早在西湖边准备了画舫，商玲珑、谢好、陈宠、沈平等歌姬也一并邀请在列。这应该是白居易最后一次泛舟西湖，在杭州组织参与这样一场盛会。

为了告别的聚会，白居易是主角，因为他就要告别这里的湖山。

元稹在上一年赴任时已经来过杭州，而王起是第一次来，白居易向他一一介绍杭州的诸位同僚。

在这场盛会里，赋诗和歌舞必不可少，现在流传下来的故事里，元稹的宝塔茶诗可作为代表。当天的宴席上，要求以"一字至七字"作一首咏物诗，标题限用一个字。

其他人所写的诗在时间中有的已经湮没，而元稹的《一字至七字诗·茶》流传了下来，他甚至没有收入自己的全集，或许是觉得这是玩笑之作，然后人却觉得极能看出元稹的智慧。

诗如此写：

茶。
香叶，嫩芽。
慕诗客，爱僧家。
碾雕白玉，罗织红纱。
铫煎黄蕊色，碗转曲尘花。
夜后邀陪明月，晨前命对朝霞。
洗尽古今人不倦，将知醉后岂堪夸。

这是一首宝塔诗，有着形式上的意象之美，整首诗就像是一株茶树。韵律上，全部押的是险韵，一气呵成，展现了高超的驾驭文字的功力。

意思并不复杂："茶，分为清香的叶和细嫩的芽；诗人喜欢茶的高雅，僧家看重茶的脱俗；烹茶时用精致的茶碾和细密的红纱茶筛；煎出柔和美丽的黄色，再小心地撇去茶沫；深夜泡上一杯可与明月对饮，早上泡上一杯可以笑看朝霞；很久之前人们就在饮茶，茶不仅能提神醒脑，消除疲倦，还能缓解酒醉，实乃佳品。"

元稹之才在这首诗中表现得淋漓尽致，似是精心堆砌，又漫不经心；似是深思熟虑，又随意挥洒；似文字游戏，又似精妙之作。

此诗出来后，在场的人一片叫好，"曾经沧海难为水，除却巫山不是云"的元稹再一次展现了他的才华。

王起说，有这样的珠玉在前，我们还是藏拙喝酒吧。

西湖的湖面上，此时荷叶田田，野鸭、鸂鶒追逐嬉戏，众人怡然忘情。王起的这种性格，也是他心胸开阔之故。

夏日西湖荷叶田田

在以后的仕途中，他上上下下，但都如羚羊挂角，到了会昌四年（844），拜左仆射，封魏郡公。后官至山南西道节度使、同平章事。卒于847年，得享八十八岁高寿，获赠太尉，谥号"文懿"。

而元稹心思机巧，聪慧多思，三人中最为年轻，却在831年五十三岁时告别人间。

4

第二天，宴席散去，临回越州时，元稹说，兄把手头的诗文稿件整理一下。让人送过来，我为兄整理一下。白居易当然是欣然答应，过几日便命人送去了二千二百余篇诗文。

元稹对于白居易三年杭州刺史任上的创作相当敬佩，其仿佛越忙越有灵感。

到了这一年的十二月，元稹编《白氏长庆集》五十卷成，并制《白氏长庆集序》，在序中元稹说：

> ……始既言，读书勤敏，与他儿异。五六岁识声韵，十五志诗赋，二十七举进士……予始与乐天同校秘书之名，多以诗章相赠答。会予谴掾江陵，乐天犹在翰林，寄予百韵律诗及杂体前后数十章。是后，各佐江、通，复相酬寄。巴蜀江楚间泊长安中少年，递相仿效，竞作新词，自谓为元和诗，而乐天《秦中吟》《贺雨》讽喻等篇，时人罕能知者……

"往时多暂住，今日是长归。"写这句诗的时候，白居易已经做好了某种打算。离开杭州，于他，事实上有一种愿望达成后的空虚。他五十三岁了，就像是一杯美酒置放得久了，气息已有些消散。

自己的文稿交到元稹手里，白居易放心得很，元稹的《元氏长庆集》他时常翻阅，有时候甚至有些嫉妒，不过白居易相信自己的《白氏长庆集》不会逊色。果然，元稹的序言摆在案头的时候，白居易有着知音相得的缱绻，元稹的赞美搔到了白居易的痒处。

这种情逾骨肉的友谊很少有人可以企及，所以元稹去世后，白居易哭得撕心裂肺，并亲自写了墓志铭。两人相知二十六年，这也是应该的。

元稹死后九年，也就是840年，六十九岁的白居易做了一个梦：他们还是在鲜衣怒马的年轻时代，刚刚来到长安，他们要写作出与潮流不一样的诗，他们惺惺相惜，

巧未能胜拙，忙应不及闲

后来人们把他们叫作元白；白居易还梦见他们在西湖的画舫上，商玲珑拨弄着箜篌，夕光里那姿态无比的曼妙……

梦醒后的白居易长叹一口气，此时东方微茫，那模仿西湖山水意蕴的庭院里传来几声雀鸟的鸣啭，他披衣起身，擦了一把脸，水面上倒映着的老人形容枯槁，白发萧疏。念及元稹，白居易内心有微微的痛，当年的《白氏长庆集》五十卷尚在书橱，而元稹在序中对两人的相交相知有着言简意赅的回顾。

他抽出那篇序言，就着黎明的微光在鸟鸣声中凄然泪下，而后在宣纸上写下一首《梦微之》：

夜来携手梦同游，晨起盈巾泪莫收。
漳浦老身三度病，咸阳宿草八回秋。
君埋泉下泥销骨，我寄人间雪满头。
阿卫韩郎相次去，夜台茫昧得知不。

这大抵是人间最真挚的友情了，两人相濡以沫于微起，又携手于这复杂的人世，而如今，只留下一个孤零零的老头，连元稹的小儿子阿卫、女婿韩郎都已经辗转凋谢。

那一声鸟鸣中，大概有元稹的气息吧，白居易想着，仿佛西湖之上，挥毫写茶诗的元稹就在身边。

第十五章

取得两片石

1

花非花，雾非雾，
夜半来，天明去。
来如春梦几多时，
去似朝云无觅处。

送走元稹和王起之后，五月接下来的日子白居易是悠闲的，有时带着阿罗游山玩水，有时叫上萧悦他们一起烹茶煮酒，有时就去韬光寺、恩德寺等和高僧谈玄辩经，或泛舟西湖，或悠然松下。这一日酒后微醺，懒得回城，就宿在西湖边竹阁楼的竹榻之上。

微光时分，白居易披衣而起，远眺湖面如镜，有白鹭翔集。白居易嗅到一阵幽香，寻着花香去看，原来是一株昙花悄然开放，凝视片刻，突然想到这三年时间恍然而过，仿佛这花香无迹可寻，这首《花非花》小诗涌上心头。

人生譬如朝露，或留下暗香徘徊。

他出了竹阁楼，一路走到孤山，从孤山翻入白沙堤，白沙堤上杨柳依依，绿荫如盖，白居易看着这满湖翠色，颇为自得。

在他到杭州的第二年春天，也就是 823 年的春天，有一天他在西湖边，见有人伐木，一株好好的大树眼看摇摇欲坠。白居易问，这树伐去干吗？答，当柴火。白居易一阵心痛，就在这一年的五月，白居易动用了他作为刺史的权威：西湖周边之树均不允许砍伐。

那么有人砍伐怎么办？白居易规定了惩罚条例，一个非常人性化的条例：如果是穷人就罚他在西湖边上种树，是富人就罚他到西湖上去除葑草。

所谓葑草，是一类植物种群，比如湿生植物、挺水植物、沉水植物、浮水植物以及藻类。除葑草相对补种一棵树，要复杂得多，也只有富人才能有船进行捕捞。

这是白居易在仔细观察后实行的措施，犯了错，富人也好，穷人也罢，都应该受到惩罚，但具体怎么罚，则是执政者的技巧。白居易对西湖有着大爱，他十分注重西湖的环境保护，要保护西湖水面不受侵占。

在白居易离开的数年后，"湖葑尽拓，树木成阴"，西湖之景在岁月中的形成有其幸运的地方，既有自然的因素，也有一些人的到来之故，仅仅是他们的文字和赞誉，就让西湖跃然于世人眼前。

三年时间，转眼即过，三年的杭州之行难道只是一场春梦吗？也许不是，他在这一城留下了太多的痕迹。杭州刺史任满，回头看这仕途经历，实际上白居易内心是满意的，他终究在一州之地实现了自己的政治抱负，

西湖流霞

也施展了自己的执政能力。

"处处回头尽堪恋,就中难别是湖边。"这两句诗蓦然掠上心头,这一天的晚上,在常师儒代表余杭县为他举办的饯行宴会上,白居易把这首《西湖留别》补齐了:

> 征途行色惨风烟,祖帐离声咽管弦。
> 翠黛不须留五马,皇恩只许住三年。
> 绿藤阴下铺歌席,红藕花中泊妓船。
> 处处回头尽堪恋,就中难别是湖边。

2

面对在座诸人流露出的不舍之情,白居易的内心又何尝不是,但人在庙堂,庙堂有庙堂的规则,唯一的遗憾是留给他的时间太短了点,就像白居易在《醉后狂言酬赠萧殷二协律》中所说的:"若令在郡得五考,与君展覆杭州人。"那其实并不是白居易酒后的狂言,他确实为杭州之地的发展煞费苦心。

> 除官去未间,半月恣游讨。
> 朝寻霞外寺,暮宿波上岛。
> 新树少于松,平湖半连草。
> 跻攀有次第,赏玩无昏早。
> 有时骑马醉,兀兀冥天造。
> 穷通与生死,其奈吾怀抱。
> 江山信为美,齿发行将老。
> 在郡诚未厌,归乡去亦好。

少了政务的牵绊,白居易在824年的五月是轻松惬意的。这首《除官去未间》大抵是他对五月行踪的一个描述,在离开之前,白居易没有想到西湖会让他如此魂牵梦萦,他自我开解着那种惆怅。

从某种意义上来说,白居易再一次发现了杭州,他用两百多首诗的热情挖掘出了一座纸上西湖,把人文精神、把文脉留给了杭州。

另外一方面,他如果和之前的很多刺史一样,得过且过,只处理好一般的政事,他的日子其实非常好过。根据《唐会要》的记载,在白居易的年代,像杭州这样的上州刺史,俸禄是八十贯,也就是八万钱,此外还有现在已无法详细考证的各种杂给、料钱、职田收入以及州府公廨的利钱(政府用富余的行政经费发放高利贷,所得利息用于补贴政府工作人员,在唐朝的制度上是合法的),这些收入是不小的数目。

有这样的薪资,白居易完全可以做到浮云随心,甚

孤山六桥图

至可以说是名士风流,但白居易把他这三年很大一部分的薪资,一方面离任时拿出来作为社会公益基金,另一方面在任期内用于维修西湖水利、救赈灾荒等。

虽然是好友,又同为大诗人,但在对钱财的处理上,白居易和元稹截然不同,若干年后,元稹从越州回长安时,浩浩荡荡的车队装满了金银财物,而白居易离开杭州时,和来时一样,一驾马车,简简单单。

但白居易后来却对杭州充满了歉疚,那么他带走了什么?

3

白居易回到洛阳定居以后,刘禹锡正好回长安述职路过,阔别多年,老友相见分外喜悦,一场大醉后刘禹锡就住在了白居易家里。

第二天上午起床后,两人继续在书房品茗聊天,刘禹锡的目光突然落在书橱一角放着的两块小石头上,看着色泽等也很普通,但造型颇具特色。

刘禹锡问:"这是哪里的石头?"

白居易把玩着石头说:"这是西湖边的天竺石。"他抚摸着石头,感受到石头的凉意,而庭院池子里的那只鹤在唳鸣,一条腿亭亭玉立于水池中央,犹如一个舞者,白居易的思绪陷入了回忆之中。

824年的五月,一场又一场的告别,但终究要曲终人散,白居易的内心充满了眷恋和不舍。

到了五月下旬，再有数日他们就要北上，白居易带着阿罗，先到了孤山寺，孤山寺养有仙鹤数只，颇通人性，阿罗试着喂了它们一些饲料以后，这些鹤看到阿罗便吭吭叫唤着走近。孤山寺方丈觉远同样是白居易的好友，他让寺僧捉了一只仙鹤，放在竹编笼里让阿罗带回洛阳。

白居易有心拒绝，但看到阿罗期待的眼神，心一软，便命下人先把这鹤送回州衙，阿罗欢呼雀跃，白居易莞尔而笑。

午后，白居易又带着阿罗从灵隐寺过冷泉亭，越飞来峰后一路去了上天竺。在法喜寺外的竹林里，韬光禅师等诸位高僧已经备下茶宴为白居易饯行。

白居易一一稽手致意，而阿罗也有样学样，逗得几位高僧俗心大动。

茶水清甘，浅啜一口，口腔中余香袅袅，白居易说："舍不得啊，这片山水，锦绣风物。"

韬光禅师说："山水自在居士的心中。"

白居易依然有些闷闷不乐，成为官员之后，浮沉只是寻常事，他来来去去，一个地方，到了，又离开。事实上对于在仕途中的俗世之人，一个个地方不过是一个又一个的驿站罢了，但杭州于他仿佛不同。

这地方难道是他前生所居之地？或者是他魂魄的栖居之所？白居易想过这个问题，但仍只是个过客而已。离开杭州，杭州州民津津乐道的，是白居易把自己的官俸留给了官库，他离去，自然不会带走金银财宝，却又没有挥挥手不带走一片云彩的那种潇洒。

阿罗自己在竹林里玩,突然像发现什么似的过来依偎着白居易,两只小小的手各握着一块小石头。

"阿耶,这块石头像我们刚才走过的飞来峰,而这一块呢,好像从山巅看到的西湖。"

阿罗给白居易讲着,把石头给了白居易,又到竹林里自己嬉玩。

这两块小石头被白居易反复端详揣摩,也许是爱屋及乌,他对韬光禅师他们笑笑:"我还是着相了!"

这两块小石头就这样被他带到了洛阳的家中,并放在书橱触手可及之处。

白居易把这一段来龙去脉和刘禹锡一一道来,刘禹锡闻言,也仔细端详这两块石头,在他看来,这两块石头并不起眼,可能他是局外人的缘故吧。但白居易又有些自责,他对刘禹锡说,这大概是他做过从心底后悔的事之一。

刘禹锡大为诧异,问白居易这又是为何?

白居易从书橱的一沓文稿中翻了一下,找出一首诗递给刘禹锡,白居易的字秀逸清癯,颇似他的姿容。白居易递给刘禹锡的,就是流传到后世的《三年为刺史》,共两首,诗写得隽永,但又浅出,一首是:"三年为刺史,无政在人口。唯向郡城中,题诗十余首。惭非甘棠咏,岂有思人不?"

另一首是:"三年为刺史,饮冰复食檗。唯向天竺山,取得两片石。此抵有千金,无乃伤清白?"

第一首很谦虚,好像午夜梦回,醒转时,突然想知道他所思念的地方有没有人思念他,第二首却是一种自责和辩解。

刘禹锡习惯性吟诵起来,吟毕,说:"你又何必如此自责呢?"

天竺山图

白居易摆弄着石块，他倒非惺惺作态，而是突然想到，西湖边砍伐树木他都要制定法律让人遵守，自己把这石块带回也是做了一件"不清白"的事。他想，倘若每个去天竺山的人回途时都带回几块天竺山石，那么哪里还会有天竺山的秀美？山石并不值钱，但现在取来，夸张地说是玷污了自己清白的名声，这就好比贪污了千金，不是一个为官清廉者应该做的。

白居易对刘禹锡说："我们为官之时，很少会想到这些，总觉得自己所做的都是正确无比的事，但其实未必。"

两人由此说到了朝堂上的龌龊，两党之争愈演愈烈，大概在这个时候，白居易萌生了退意，兼济天下无能为力之时，独善其身按他现在的能力还是可以做到的。

4

五月即将结束，人间芳菲未尽。

天微明时，他们就要出发，离开杭州，舍不得也没办法，当白居易的车驾出涌金门时，马车突然停了下来，白居易有点诧异，打开车帘，却被吓了一跳。

涌金门外，西湖边上，挤满了要为他送行的百姓，没有人组织，没有人吆喝，人们扶老携幼，提着酒壶为他送行。这一幕，根据记载和杭州城里的口口相传，在当年送别李泌时也曾经出现过。

何德何能！白居易是容易感动的人，一开始他站在车辕上，挥手向百姓们致意，后来看看实在不能推辞，索性下了马车，缓缓走着，他又是个性格爽利的人，百姓敬上的酒，小杯大碗他来者不拒，白发老者，垂髫小童……

在杭州人民的夹道相送中，从涌金门出发，区区二里地，白居易他们的马车走了一个上午。白居易有点醺醺然，不知道是因为酒还是因为百姓的热情。

回到马车上，白居易默然良久，写下一首《别州民》：

耆老遮归路，壶浆满别筵。
甘棠无一树，那得泪潸然？
税重多贫户，农饥足旱田。
唯留一湖水，与汝救凶年。

百姓是淳朴的，谁对他们好他们心里很清楚，耆老们经历得多了，对世事看得更是透彻，白居易在杭州的

西湖边惜别白公群雕

白苏二公祠

这三年做得好不好,他们送行时的热情便是证明,但白居易念及人间的疾苦,慰藉之余内心却是有愧。大乱之世尚未终结,苛捐杂税依然压迫着百姓。

白居易长长叹了口气,他自觉能力有限,为未能为万民多办事而不安。杭州越行越远,早已不在视线中了,甚至钱塘江的涛声也早已消散,白居易摸了摸口袋里的两枚天竺石,感觉到内心的那种悸动。

阿罗仰头问:"阿耶,我们还能回杭州吗?"

她喜欢杭州,而在杭州时的父亲也是快乐的。白居易摸摸她的脸蛋,说:"会吧。"

他的语气并不十分肯定,一半是安慰阿罗,另一半也是为了安慰自己,也许,他和杭州的缘分还没有结束,但事实上，他余生再没有踏足过杭州，杭州成了一个旧梦，出现在他无眠的夜晚。

州民相送的场景一直萦绕在白居易的脑海中，而他在杭州施行善政的声名也传到了周边的郡县，比如苏州的老百姓，第二年白居易被朝廷任命为苏州刺史的消息传开后，他们奔走相告、欢呼雀跃。做实事的官总是能够受到州民的欢迎。

在白居易走入苏州城的时候，和他当初入杭州城不一样，苏州的州民夹道相迎，白居易既惶恐，又不无得意，在《去岁罢杭州今春领吴郡惭无善政聊写鄙怀兼寄三相公》一诗中他表达了这种心情："……杭老遮车辙，吴童扫路尘。虚迎复虚送，惭见两州民。"

白堤、六井、万松岭……白居易留在杭州的这点点滴滴足迹，在后来越来越成为一种传说，人们说，杭州有过这样一位刺史，为杭州留下了众多的优美诗篇，但他带走的，却只有两块石头、一只鹤。

"三年典郡归，所得非金帛。天竺石两片，华亭鹤一只。"隐居洛阳时，他的回忆在直白中透着淡淡的骄傲。

杭州人对白居易的怀念是真挚的，若干年后，他们在孤山南麓建立了白公祠，以纪念白居易。这正是应了一句老话：老百姓的心里有杆秤。

其实，杭州人对为他们谋福利的白居易的怀念，在当时的社会习俗中已经表露无遗。在白居易离开杭州后，元稹继续做了几年浙东观察使，偶尔会过江到杭州来，元稹发现了一个有趣的现象，他写了两首诗寄给白居易，诗的题目就叫作《代杭人作使君一朝去》。

元稹的意思很明确，就是替杭州人把白居易离开后的心情表达出来。一首诗是这样写的：

"使君一朝去，遗爱在人口。惠化境内春，才名天下首。为问龚黄辈，兼能作诗否？"

如果说这首写的还是老生常谈，那么另外一首诗就表达得更为明显了："使君一朝去，断肠如锉檗。无复见冰壶，唯应镂金石。自此一州人，生男尽名白。"

杭州人爱戴白居易，在他离开后的那两年，他们生的男孩中很多人都取名"白"，希望能有白居易的才华和智慧。唐人对生死轮回的观点非常有趣，像白居易本人，他喜欢李商隐的诗，在一段流传开来的逸事中，说他甚至曾许愿：等我死后，希望能够让我投胎成为李商隐的儿子。

可以设想，在当时的生死轮回之念中，这是一种敬意和倾慕。晚唐时，江南诗人张为作《诗人主客图》，论述中晚唐诗人，开创后世论诗分派的先河。他以白居易为"广德大教化主"，极力推崇白居易。张为把元稹当作白居易的入室弟子，这不免有个人情绪在其中之故。

白居易也片刻不能忘记杭州，忘记西湖，或许他想忘记，遗忘在时间的深处，但并不能选择性地忘记，这山，这水，已经挽留住了他的魂。

华亭鹤翩翩起舞，天竺石沁凉入骨，仿佛杭州，就藏在白居易的肉体里，被他带到了长安，带到了洛阳。这一日，在给殷尧藩、萧悦的信中，白居易夹了这样一首诗：

一片温来一片柔，时时常挂在心头。
痛思舍去终难舍，若欲丢开不忍丢。
恋恋依依惟自系，甜甜美美实他钩。
诸君能问吾心病，却是相思不是愁。

那么他相思的是什么呢？白居易说："乃南北两峰，西湖一水也！"

第十六章 与报西湖风月知

1

在白居易一家回到洛阳之后，按照原来的计划，他定居在了原京兆尹杨凭的故居履道里宅园。杨凭的女婿就是大名鼎鼎的柳宗元，和白居易交好，不过这房子到白居易手上已经转了一道弯：杨家将履道里宅子卖给了田家，田家转手卖给白居易。白居易购买时现钱不足，还添上了两匹马。

履道里的住宅是白居易一生当中最后一次置业，之前他在长安和下邽都买过房子，但为时不长都转手了。履道里的住宅是他想退隐中的晚年生活的场所，事实上也是，除了短暂离开过数段时间，这里成为他的归宿地。

履道里宅园大约占地十七亩，约相当于今天的九千平方米，白居易五十八岁（大和三年）时所写的《池上篇并序》里，提到过这个宅园的大小："地方十七亩，屋室三之一，水五之一，竹九之一，而岛树桥道间之"，"十亩之宅，五亩之园，有水一池，有竹千竿"。在白居易住进去以后，他还一次次对林苑设施、风土水木进行了改造。

改造到后来，履道里宅园的风景越来越像江南风光。

公元824年开始的第一次改建，就是奔着这个目的而去，白居易甚至早早在五月初，元稹、王起在杭州为他饯行时，就和王起约好了在宅园里造桥，因为王起正好到洛阳担任河南尹。

回到洛阳后，一直到第二年的春天，白居易都在修葺新居，他把对杭州的回忆让匠人们用细节呈现出来，一些江南元素出现在白居易的宅院里，比如池塘，比如流水，比如桥，在晚年他颇为自得地写了两首《池上即事》，其中一首还提到了营造园林时的工作："行寻鳌石引新泉，坐看修桥补钓船。绿竹挂衣凉处歇，清风展簟困时眠。身闲当贵真天爵，官散无忧即地仙。林下水边无厌日，便堪终老岂论年。"

在这首诗里，白居易想要退隐的姿态表达得极为彻底，他对于江湖有了淡漠中的疏离，想蜗居在自己营造的天地里，在这片天地里有着江南的气息。白居易在《题新居呈王尹兼简府中三掾》中无疑是喜悦的："弊宅须重葺，贫家乏羡财。桥凭川守造，树倩府寮栽。朱板新犹湿，红英暖渐开。仍期更携酒，倚槛看花来。"

在履道里宅园改建的过程中，还有两件事值得一提，一是元稹所编的《白氏长庆集》五十卷大功告成；另一件是从长安传来好消息，他才华横溢的弟弟白行简升为司门员外郎。白居易拿着信笺，神色颇为欢愉，兄弟情深，这让白居易很是欣慰。

到了825年的春天，履道里宅园修葺一新，移植过来的桃花陆续绽放，移植过来的柳树开始垂条，阿罗所喜欢的那只鹤在池子里游来游去……这个场景，我们在白居易后来所写的《池上二绝》中可以感受到：

> 山僧对棋坐，局上竹阴清。
> 映竹无人见，时闻下子声。

> 小娃撑小艇，偷采白莲回。
> 不解藏踪迹，浮萍一道开。

这两首绝句就是两幅江南的小品，也许，白居易想到了冷泉亭，想到了恩德寺，想到了白沙堤……

从景想到了人，殷尧藩、萧悦、卢贾、周元范、崔求、刘方舆、常师儒……杭州城里的那些人，从新知成了旧友，他们可还好？白居易挥毫写下了《九日思杭州旧游寄周判官及诸客》，以寄托他深深的思念：

> 忽忆郡南山顶上，昔时同醉是今辰。
> 笙歌委曲声延耳，金翠动摇光照身。
> 风景不随官相去，欢娱应逐使君新。
> 江山宾客皆如旧，唯是当筵换主人。

2

公元835年，在白居易淡出长安以后，执大唐诗坛牛耳的诗人姚合过洛阳，到履道里宅园拜访白居易，此时，当年从杭州带回的华亭鹤还在池上徜徉，时间的流逝让这鹤看起来更加圆润如玉，但它鸣叫时的转折轻重，能够让白居易听出许多的意思。

姚合是白居易的好友，他此番来，还有一个目的就是问询杭州的情况，他要追随白居易的踪迹去杭州当刺史了。

姚合是个有趣的人，他比白居易小七岁，他的做官和写诗都显得三心二意，比如他在《武功县作三十首》诗中说："方拙天然性，为官是事疏……养身成好事，此外更空虚。"又说："到官无别事，种得满庭莎。"他的人生是闲逸的，这和白居易的某些想法一致，还是他《武功县作三十首》中其一："微官如马足，只是在泥尘。到处贫随我，终年老趁人。簿书销眼力，杯酒耗心神。早作归休计，深居养此身。"

在晚年，姚合编了本唐人诗集，取名为《极玄集》，选的诗人非常有特色，有王维、祖咏、李端、耿湋、卢纶、司空曙、钱起、郎士元、畅当、韩翃、皇甫曾、李嘉祐、皇甫冉、朱放、严维、刘长卿、灵一、法振、皎然、清江、戴叔伦等二十一人，近百首诗，其中没有我们所熟悉的李白、杜甫、白居易、元稹，也没有说到唐诗必提及的孟郊、韩愈、刘禹锡、柳宗元等，在姚合的视野里，这些名家大概是不够"极玄"标准的。

"玄"的本义为深奥、神妙，源出《老子》，姚合所选的诗人大都对人生持淡泊态度，这些诗，或写闲居山林，或说耕钓退隐，几无脾气，淡之如水。白居易有一路诗，走的正是这个方向，但姚合显然认为，白居易也好，李白等人也好，他们诗歌的主旨取向和谈玄之诗不同。

在实际生活中，姚合又比白居易谨小慎微许多，他的仕途走得比较慢，没有大起大落过，到了后期，基本是一步一个台阶：大约在四十八岁时，姚合被调回长安,任正八品上阶的监察御史。五十岁时再升任从七品上阶的侍御史。五十二岁任从六品上阶的户部员外郎。五十三岁时调出京城,任正四品上阶的金州刺史。五十四至五十五岁再回长安,任从五品上阶的刑部郎中与户部郎中。公元835年,也就是他五十六岁时,调出京城,赴浙江任从三品的杭州刺史。

那两块天竺山的石头依然摆放在书橱之间,白居易有心想叫姚合带回去,归还于天竺山,又觉得不舍,终究没有开口。

白居易对姚合说:"杭州好,是我一生中最为留恋之地。"

再六年后,即会昌元年(841),白居易写有一首《寄题余杭郡楼兼呈裴使君》,裴使君即当年离任的杭州刺史裴夷直,依然说:

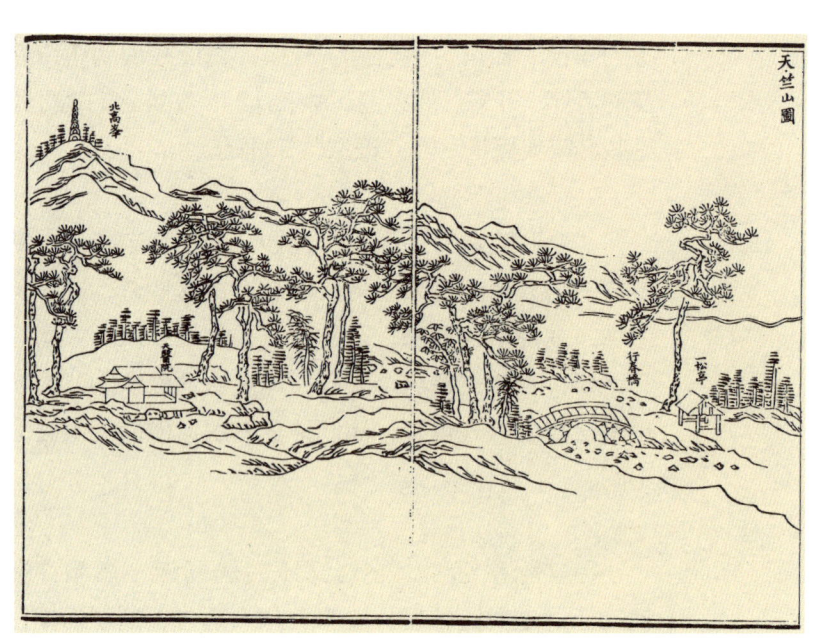

天竺山图

官历二十政，宦游三十秋。
江山与风月，最忆是杭州。

这一生的宦游经历中，帝国的疆域白居易走过很多，但一生最为不舍之地数来数去还是杭州，西湖水已经把他的思念包裹成了时间中的琥珀。白居易对姚合细说杭州的草草木木，并把自己的一些想法和施政理念一一告知姚合。

白居易甚至有一些羡慕和嫉妒，在友人传来的信中，杭州的州民也一直惦记着他，他们称他为白舍人而不名，以示对他的尊重。

白居易对姚合是千叮万嘱，在杭州当父母官，那一湖水一定要保护好。白居易像是一个唠叨的父亲，叮嘱他人要善待他的女儿。

到了姚合赴任之日，白居易写了律诗《送姚杭州赴任因思旧游二首》来表达自己的心情，其一是这样写的：

与君细话杭州事，为我留心莫等闲。
闾里固宜勤抚恤，楼台亦要数跻攀。
笙歌缥缈虚空里，风月依稀梦想间。
且喜诗人重管领，遥飞一盏贺江山。

白居易想让姚合把杭州的一草一木都能够细细描绘给他，不要把这当作应付之事。而从另外一个角度，他又替湖山庆幸，因为又来了一位诗人，诗人对于万物的敏感会让湖山生色，于是白居易又写下了另一首：

渺渺钱唐路几千，想君到后事依然。
静逢竺寺猿偷橘，闲看苏家女采莲。

故妓数人凭问讯，新诗两首倩留传。
舍人虽健无多兴，老校当时八九年。

想到商玲珑她们这些当年能歌善舞的歌姬，想到淳朴羞涩的采莲女，甚至想到了山上的猴子来偷寺院的橘子，姚合啊，现在我要用你的眼睛去看杭州的变化了。这是白居易的心声，也是他想让姚合告诉他的。

到了杭州后，姚合感受到了白居易那种内心波澜的起伏，在他寄给白居易的《杭州观潮》一诗中，姚合说："楼有章亭号，涛来自古今。"他用笔栩栩如生地把钱塘江潮的气势写了下来，那是连着沧海般的辽阔，潮水的颜色也比白云深邃。"怒雪驱寒气，狂雷散大音。浪高风更起，波急石难沉。鸟惧多遥过，龙惊不敢吟。坳如开玉穴，危似走琼岑……"

白居易收到姚合的诗后，向杭州方向远眺片刻，在宣纸上抄写了《杭州回舫》寄给姚合：

自别钱唐山水后，不多饮酒懒吟诗。
欲将此意凭回棹，与报西湖风月知。

姚合告诉白居易，他所疏浚的六井现在是杭州日常取水的场所，他所修建的防护堤起到了很大的作用，姚合所要做的就是"萧规曹随"，白居易拈须呵呵大笑。

姚合在信中也说了自己的一些状况，就像他在《杭州官舍偶书》中所写："钱塘刺史谩题诗，贫褊无恩懦少威。春尽酒杯花影在，潮回画槛水声微。闲吟山际邀僧上，暮入林中看鹤归。无术理人人自理，朝朝渐觉簿书稀。"

姚合任杭州刺史的三年，是他和白居易联系最为频繁的三年，到了公元838年，姚合杭州刺史任期结束，就要回长安担任右谏议大夫，他写了《别杭州》："醉与江涛别，江涛惜我游。他年婚嫁了，终老此江头。"

路过长安时，姚合又到履道里白家宅园拜会白居易，从杭州归来，带着对西湖共同的记忆，白居易和姚合相谈甚欢。在招待姚合的家宴上，白居易高兴起来多喝了几杯，夜色四合，屋檐下的灯笼次第点亮，伫立在院子的回廊里，有风声过时，鹤唳间或传来，加深了入夜的宁静，白居易遥望杭州的方向，两首令姚合动容的《忆江南》从白居易的口中吟诵而出，有些萧索，但更多的是一种缱绻：

江南好，风景旧曾谙。日出江花红胜火，春来江水绿如蓝，能不忆江南？

江南忆，最忆是杭州。山寺月中寻桂子，郡亭枕上看潮头。何日更重游？

这一年，白居易六十六岁，身体已经老迈衰颓，他重游的想法只能在梦中实现了。

3

老年的白居易很像是一个孩子，当有江南的客人来的时候，他总是不厌其烦地让他们把杭州的风景和故事讲给他听，让自己沉浸在这种倾听里，犹如回到了江南的绿色和柔水之间。

有的时候，白居易自己都觉得好笑，他索性写诗自嘲了一下，这首诗的题目就叫作《答客问杭州》，这样

江南忆，最忆白乐天

HANG ZHOU

唯留白堤忆白公

别人也不好意思嫌弃他的烦琐了，诗这样写道：

为我踟蹰停酒盏，与君约略说杭州。
山名天竺堆青黛，湖号钱唐写绿油。
大屋檐多装雁齿，小航船亦画龙头。
所嗟水路无三百，官系何因得再游？

白居易一直把自己关注的目光投注于东南，对每一任的刺史，不管属于哪一个派别，他都殷殷期待。在白居易生命的最后两年，杭州刺史的人选让他惊喜万分，他的忘年之交李播出任杭州刺史，这一年白居易已经是

第十六章 与报西湖风月知

七十四岁的垂垂老者了,也就在这一年,他以刑部尚书的官衔致仕。

李播的诗流传下来的很少,但白居易称颂他"动笔诗传鲍谢风"(《寄李蕲州》),且在自己的《对酒有怀寄李十九郎中》一诗中引用过李播《悼故妓》中的两句:"直应人世无风月,始是心中忘却时。"

从白居易对李播称呼"李十九"可以看出他们关系的亲密,在历史的记载中,李播其人,和他的诗一样,也是神龙见首不见尾,他到大中年间尚在任,后却不知所踪，像他的诗名一样，名声很大但作品不多，佳作更加了了，后人从《唐诗纪事》卷四十七的记载中得到一点线索，原来他把自己的一批作品全都送人了：

> （李）播以郎中典蕲州，有李生携诗谒之。播曰："此吾未第时行卷也。"李曰："顷于京师书肆百钱得此，游江淮间二十余年矣。欲幸见惠。"播遂与之，因问何往，曰："江陵谒表丈卢尚书。"播曰："公又错也，卢是某亲表丈。"李惭悚失次，进曰："诚若郎中之言，与荆南表丈，一时乞取。"再拜而出。

和他同姓的那个李生花百钱买来李播的诗卷，招摇撞骗混了二十多年，碰上原作者才露了馅儿。但这个人也是腹黑，竟还要继续这样混下去，还厚着脸向李播乞讨这一批作品的著作权，并帮他掩盖事实真相，而李播也是有趣，他并不在意这个虚名，居然就同意了。

这里录两首李播的诗，一首《见志》："去岁买琴不与价，今年沽酒未还钱。门前债主雁行立，屋里醉人鱼贯眠。"一首《见美人闻琴不听》："洛浦风流雪，阳台朝暮云。闻琴不肯听，似妒卓文君。"

李播诗名不能和白居易相提并论，但在杭州刺史任上，李播同样做出了值得我们大书一番的功绩。

在李播任上，钱塘江江潮泛滥，周边百姓深受其害，李播带人修筑钱塘江堤，保护了杭州地区广大人民生命财产的安全，使他们免受洪灾之苦，同时，又使千百万亩田地免遭淹没的危险。

这一条堤的价值，可以媲美于白堤，李播于杭州，还不仅仅是修堤，差不多和他同时代的杜牧在《杭州新

唯见水茫茫

造南亭子记》中说："钱塘于江南，繁大雅亚吴郡。子烈（李播名子烈）少游其地，委曲知其俗蠹人者，剔削根节，断其脉络，不数月人随化之。三笺干丞相云：涛坏人居，不一焊锢，败侵不休。诏与钱二千万。筑长堤，以为数十年计，人益安喜。"

杜牧的文章中说，李播不仅修筑江堤，为民造福，而且严肃处理腐败分子，为政清廉。对蠹人者"剔削根节，断其脉络"，收效甚著，"不数月人随化之"。

白居易赏识和青睐的李播在杭州施展才华的时候，白居易已经到了凋零之际，公元846年八月，白居易卒于洛阳履道里，朝廷后追赠尚书右仆射。白居易所推崇的诗人李商隐撰写的《刑部尚书致仕赠尚书右仆射太原白公墓碑铭》中说："公以致仕刑部尚书，年七十五，会昌六年八月，薨东都，赠右仆射。十一月，遂葬龙门。"出于对白居易的缅怀，唐宣宗有诗吊之："缀玉联珠六十年，谁教冥路作诗仙？浮云不系名居易，造化无为字乐天。童子解吟《长恨》曲，胡儿能唱《琵琶》篇。文章已满行人耳，一度思卿一怆然。"

白居易驾鹤西去的消息传到杭州的时候，李播正忙碌于钱塘江江堤的修建，涛声咆哮如虎，此时夕阳如锈，这人世犹如潮水来去无迹，有喧嚣，也有冥寂。李播仰望长天，远处，洛阳的那个方向，有一只孤独的鹭鸟在风中展翅逸飞。天地间，小如蝼蚁般的人们一直在劳作着。

恍惚间，李播想起白居易两句流传并不广的诗："月明何所见，潮水白茫茫。"

白居易年谱简编

唐代宗大历七年（772），白居易生，一岁。

正月二十日，白居易生于郑州新郑县东郭宅。六七月时，即默识"之""无"二字，时父白季庚年四十四岁，母陈氏十八岁。

大历八年（773），二岁。

大历十四年（779），八岁。
元稹生。

德宗建中元年（780），九岁。
谙识声韵。父白季庚由宋州司户参军授徐州彭城县令，母陈氏封颍川县君。

兴元元年（784），十三岁。
幼弟白幼美（金刚奴）生。杨虞卿、杨嗣复生。

贞元二年（786），十五岁。
仍在江南，始知有进士，苦节读书，能属文。先后旅苏、杭二郡。

贞元十年（794），二十三岁。

在襄阳。五月二十八日，父季庚卒于官舍，年六十六。

贞元十四年（798），二十七岁。

兄幼文约于本年春赴任饶州浮梁县主簿。居易约于夏到浮梁。移家至洛阳。

贞元十五年（799），二十八岁。

秋，在宣州应乡试，试《射中正鹄赋》《窗中列远岫诗》，为宣歙观察使崔衍所贡，往长安应进士试。在宣州与杨虞卿相识。夏，旱，京畿饥荒。

贞元十六年（800），二十九岁。

二月十四日，在中书侍郎高郢主试下，试《性习相近远赋》、《玉水记方流诗》、策五道，以第四名及第，十七人中年最少。及第后回洛阳。暮春到浮梁。九月到符离，外祖母陈氏卒。

贞元十八年（802），三十一岁。

在长安。冬，在吏部侍郎郑珣瑜主试下，试书判拔萃科。

贞元十九年（803），三十二岁。

春，与元稹、李复礼、崔玄亮等同以书判拔萃科登第。与元稹同授秘书省校书郎。

宪宗元和元年（806），三十五岁。

罢校书郎。与元稹居华阳观闭户累月，揣摩时事，成《策林》七十五篇。四月，应才识兼茂明于体用科，与元稹、韦惇、崔护等同登第，以对策语直，入第四等（乙等。唐代制科照例无第一、二等）。二十八日，授周至尉。七月，权摄昭应事。秋，使骆口驿。十二月，与陈鸿、王质夫同游仙游寺，作《长恨歌》等。

元和二年（807），三十六岁。

春，与杨汝士等常会于杨家靖恭里宅。夏，使骆口驿。秋，自周至尉调充进士考官，有《进士策问五道》。试毕帖集贤院校理。十一月四日，自集贤院召赴银台候进旨。五日，召入翰林院，奉敕试制诏等五首，为翰林学士。

元和三年（808），三十七岁。

居新昌里。四月，为制策考官。是年，居易与杨虞卿从妹杨氏结婚。

元和四年（809），三十八岁。

女金銮子生。

元和五年（810），三十九岁。

元和六年（811），四十岁。

四月，母陈氏卒于宣平里第，年五十七。回下邽义津乡金氏村为母丁忧。十月，迁祖父锽、祖母薛氏、父季庚灵柩葬于金氏村。女金銮子夭折。

元和十年（815），四十四岁。

六月，居易上疏请捕刺杀宰相武元衡之贼。

元和十一年（816），四十五岁。

在江州司马任。是年，女阿罗生。

元和十四年（819），四十八岁。

春，离江州赴忠州刺史任。弟行简随行。

元和十五年（820），四十九岁。

夏，自忠州召还。除尚书司门员外郎。十二月，充重考订科目官。二十八日，改授主客郎中、知制诰。

穆宗长庆元年（821），五十岁。

四月，充重考试进士官，复试礼部侍郎钱徽主试下及第进士郑朗等十四人。夏，与元宗简同制加朝散大夫，始着绯，又转上柱国。妻杨氏授弘农县君。秋，奉命宣谕魏博节度使田布，赠绢五百匹，不受。十月十九日，转中书舍人。十一月二十八日，充制策考官。

长庆二年（822），五十一岁。

七月，自中书舍人除杭州刺史。经江州，与李渤会，访庐山草堂，十月抵杭州。

长庆三年（823），五十二岁。

在杭州刺史任，屡游西湖及灵隐寺、恩德寺等名胜。有《杭州春望》《孤山寺遇雨》《余杭形胜》《除夜寄微之》《闲卧》等诗。

八月，元稹自同州刺史迁浙东观察使、越州刺史。十月，经杭州与居易相会，数日而别。之后，二人诗和甚富。《元氏长庆集》编成。时居易与湖州刺史崔玄亮、苏州刺史李谅、长安张籍都有诗篇酬唱。

长庆四年（824），五十三岁。

修钱塘湖堤，蓄水灌地千顷。又浚城中李泌六井，供民饮用。五月，除太子左庶子分司东都，月末即离杭，秋至洛阳。居杨凭旧宅履道里。冬，元稹编成《白氏长庆集》五十卷并作序。是年，弟行简为司门员外郎。

敬宗宝历元年（825），五十四岁。

春葺新居，王起为宅内造桥。三月四日，除苏州刺史。五月五日到苏州任。秋，游太湖，采橘献上。与元稹、崔玄亮唱和，又与刘禹锡以诗相赠答。是年，弟行简迁主客郎中，为朝散大夫，着绯。从弟敏中随李听到滑州。

文宗大和元年（827），五十六岁。

春，经荥阳返洛阳。三月二十七日，征为秘书监，赐金紫。复居长安新昌里宅。与杨汝士、裴度、庾敬休郊游。十月十日，文宗诞日，诏居易与安国寺沙门义林、太清宫道士杨弘元于麟德殿论儒、释、道三教教义。岁暮，奉使洛阳。在洛阳，与皇甫镛、苏弘、刘禹锡、姚合等交游。

大和三年（829），五十八岁。

春，和微之诗四十二首成。三月五日，编成《刘白唱和集》二卷。

大和四年（830），五十九岁。

为太子宾客居洛阳。十二月二十八日，代韦弘景为河南尹。

大和五年（831），六十岁。

子阿崔夭，三岁。从弟敏中曾旅洛阳。

开成三年（838），六十七岁。

作《醉吟先生传》，乃居易暮年生活的写照。从弟敏中为殿中侍御史分司东都。

开成四年（839），六十八岁。

二月，以《白氏文集》六十七卷，凡诗文三千四百八十七篇，藏于苏州南禅院。

会昌二年（842），七十一岁。

以刑部尚书致仕，给半俸。

会昌四年（844），七十三岁。
施家产，开龙门八节石滩，以利舟楫。

会昌五年（845），七十四岁。
于洛阳履道里第为"七老会"；夏，又合僧如满、李元爽为"九老图"，皆有诗。五月一日，《白氏文集》七十五卷编成，凡诗文三千八百四十篇。

会昌六年（846），七十五岁。
仍居洛阳。八月，卒于洛阳履道里第，赠尚书右仆射。十一月，葬龙门香山如满法师塔之侧。

参考文献

1. 白居易：《白居易诗集校注》，谢思炜校注，中华书局，2006年。
2. 白居易：《白居易文集校注》，谢思炜校注，中华书局，2011年。
3. 莫丽芸：《英美汉学中的白居易研究》，大象出版社，2018年。
4. 白居易：《宋本白氏文集》，国家图书馆出版社，2017年。
5. 欧阳修等：《新唐书》，中华书局，1975年。
6. 刘昫等：《旧唐书》，中华书局，1975年。
7. 周祝伟：《唐代两浙州县职官考》，上海古籍出版社，2019年。
8. 《全唐诗》，中华书局，1960年。
9. 西湖天下丛书编辑部编：《西湖民间故事》，浙江摄影出版社，2016年。
10. 余苘：《白居易与西湖》，杭州出版社，2004年。
11. 元稹：《元稹诗文选》，杨军等选注，人民文学出版社，2004年。
12. 吴伟斌：《元稹评传》，河南人民出版社，2008年。
13. 孙琴安：《刘禹锡传》，上海社会科学院出版社，2017年。

丛书编辑部

郭泰鸿　安蓉泉　尚佐文　姜青青　李方存
艾晓静　陈炯磊　张美虎　周小忠　杨海燕
潘韶京　何晓原　肖华燕　钱登科　吴云倩
杨　流　包可汗

特别鸣谢

楼含松　卢敦基　江弱水（系列专家组）
魏皓奔　赵一新　孙玉卿（综合专家组）
夏　烈　沈　勇（文艺评论家审读组）

图片作者

于军民　艾　琳　张卫民　周　宇　周兔英
郑从礼　姚建心　韩　盛　傅伯星　鲁　南
（按姓氏笔画排序）